Voleur au défilé de mode – Ein Dieb bei der Modenschau

von Dagmar Puchalla

Langenscheidt

Berlin · München · Wien · Zürich · New York

Lektorat: Bettina Müller Renzoni
Französischsprachiges Lektorat: Bettina Savino
Illustrationen: Rüdiger Trebels
Umschlaggestaltung: init.büro für gestaltung, Bielefeld, unter Verwendung einer Illustration von Rüdiger Trebels

www.langenscheidt.de

Umwelthinweis: gedruckt auf chlorfrei gebleichtem Papier

Satz: Franzis print & media GmbH, München
Druck: Mercedes-Druck, Berlin
Bindung: Stein+Lehmann GmbH, Berlin
Printed in Gemany

ISBN 978-3-468-20654-2

10010

Inhalt

Essen wie Gott in Frankreich

Max und Linda ließen ihre Schultaschen fallen und stürmten in die Küche.
"Was? Nichts zu essen?", kommentierte Max den leeren Küchentisch.
Auch der Herd war blitzblank und unbenutzt. Erstaunt sahen die beiden ihre Mutter an, die gerade die Spülmaschine ausräumte.
"Was ist los?", hakte Linda nach.
Ihre Mutter schloss die Spüle und grinste die beiden fröhlich an.
"Ihr wisst, dass eure Tante in Paris lebt."
"Ja, aber was hat das mit dem Mittagessen zu tun?", maulte Max und ließ sich auf einen Küchenstuhl plumpsen. Er hatte einen Bärenhunger.
Seine Mutter kicherte wie ein junges Mädchen. "Ach, Paris ist so wunderbar …"
"Ja, das hast du uns schon tausend Mal erzählt. Und? Gehst du jetzt deshalb in den Kochstreik? Oder hast du versucht, Französisch zu kochen, und es versemmelt? Oder willst du ein paar Pfunde abspecken, um wie ein Pariser Fotomodell auszusehen?" Linda redete wie ein Wasserfall, während sie ihre Schuhe abstreifte, in den Flur kickte und sich schließlich auf den Stuhl neben ihren Bruder fallen ließ.
"Jetzt mal raus mit der Sprache, was geht hier ab?" Max machte dem Wortschwall seiner Schwester ein Ende.

Ihre Mutter räusperte sich. "Also, ihr Lieben. Ich dachte, wir gehen heute mal schick essen. Was haltet ihr davon?"
Linda und Max sahen sich an.
"Mitten in der Woche?", wunderte sich Max.
"Und mitten am Tag? Nicht abends?", erkundigte sich Linda mit gerunzelter Stirn. "Dafür muss es einen Grund geben. Raus mit der Sprache!"
Max und Linda starrten ihre Mutter mit großen Augen neugierig an.
"Hm, sagen wir es mal so. Es gibt da so ein Sprichwort, dass die Franzosen essen wie die Götter."
"Ich werde ganz wild vor Hunger und du sprichst über göttliches Essen?" Max hielt es bald nicht mehr aus.
"Also, um es kurz zu machen, ich wollte euch in ein kleines französisches Restaurant entführen, weil ..."
"Weil was?" Linda trommelte mit den Fingerspitzen auf den Tisch.
Ihre Mutter seufzte gekünstelt. "Na gut, also, wir fliegen in den Ferien nach Paris!" Erwartungsvoll sah sie ihre Kinder an. "Und?"
Linda und Max waren eher überrascht als erfreut.
"Nach Paris? Zur Tante, die nur Französisch spricht?"
"Ja natürlich. Françoise freut sich sehr. Aber lasst mich euch alles beim Essen erzählen. Ich habe ein nettes französisches Restaurant ausfindig gemacht, da können wir schon mal ein bisschen Französisch üben!"

Also zog Linda ihre Schuhe wieder an, Max dämpfte seinen schlimmsten Hunger derweil mit einem Käsetoast und die Mutter legte sich Lippenstift auf.

Eine halbe Stunde später saßen sie in einem kleinen gemütlichen Restaurant und studierten die Speisekarte.
"Ich versteh nix", beschwerte sich Max.
"Streng dich einfach mal an", moserte Linda, dann trat sie ihn mit Schwung gegen das Schienbein.
"Au! Spinnst du!" Empört schrie Max auf.
Um sie herum wurde es für einen Moment still und viele Blicke waren auf sie gerichtet.
"Benehmt euch bitte", murmelte ihre Mutter und starrte weiter konzentriert auf die Karte. Linda lugte hinter ihrer Speisekarte hervor und grinste. Dann säuselte sie: "Moi, je prends la **fricassée aux cèpes**."
"Bist du sicher, dass du das essen willst? Weißt du auch, was das ist?" Zweifelnd betrachtete Petra Landiges ihre Tochter kurz von der Seite.
Linda nickte voller Überzeugung. "Oui, pourquoi?" Sie sah Max herausfordernd an. "Ich spreche gern Französisch und ich freue mich schon auf mein Frikassee. Aber der Max, der versteht gar nichts, und er wird deshalb in Paris verhungern!"

---

fricassée aux cèpes Hühnerfrikassee mit Steinpilzen

"Max, weißt du schon, was du essen willst?", erkundigte sich Petra Landiges.
"Keine Ahnung." Max gab sich Mühe, es seiner Schwester gleichzutun und ein bisschen von seinem Schulfranzösisch anzuwenden. "Tu peux me **traduire** ça?"
"Willst du den Kellner fragen oder kannst du dir irgendwie selber helfen und herauszufinden, was da steht?"
"Na gut, ich versuch's." Max vertiefte sich erneut in das Wirrwarr französischer Spezialitäten und bemühte sich, irgendwo einen Anhaltspunkt zu entdecken. "**Salade gourmande**, **carpaccio de bœuf**, **rôti d'agneau**, pommes frites – Halt! Das klingt gut, das nehme ich, *frites* mit viel Ketchup."
"Max! Hier gibt es doch keine Pommes mit Ketchup!", empörte sich Linda.
"Ich möchte aber weder Fleisch noch Fisch und schon gar kein Frikassee!" Max schlug die Speisekarte zu. "Pommes mit Ketchup und Majo, basta. Was anderes esse ich nicht."
Freundlich näherte sich der Kellner ihrem Tisch. "Avez-vous **choisi**?", fragte er höflich.
"Oui, Monsieur", erwiderte Frau Landiges. "Pour

---

traduire übersetzen
salade gourmande Feinschmeckersalat
carpaccio de bœuf Carpaccio vom Rind
rôti d'agneau Lammbraten
choisi gewählt

commencer, nous prenons la **soupe du jour**. **Ensuite**, les **escargots à la Bourguignonne** pour moi, et pour ma fille la fricassée aux cèpes. Pour mon fils, est-ce **possible** d'avoir des pommes frites avec …?"
"Ketchup et **mayonnaise**", vervollständigte der Kellner lächelnd den Satz. "Pas de problème. Petite ou grande portion?" Er schaute Max fragend an.
Max nickte.
"Petite ou grande portion?", wiederholte der Kellner freundlich.
"Comme vous voulez", lächelte Max ebenso freundlich zurück.
Als der Kellner verschwunden war, murmelte Max: "Mist! Wollte er gerade wissen, ob ich eine große oder eine kleine Portion haben will?"
"Mensch, du hast echt gepennt", schimpfte Linda. "Genau das wollte er von dir wissen!"
Max sprang auf und stieß dabei fast einen anderen Kellner um, der sich gerade mit einem vollen Tablett hinter seinem Stuhl vorbeischlängelte.
"Max!", kreischte Linda.

---

soupe du jour Tagessuppe
ensuite anschließend
escargots à la Bourguignonne Schnecken nach Burgunder Art
possible möglich
mayonnaise Majonäse

"Was denn? Ist doch nichts passiert", fauchte Max. "Relax mal!" Dann wendete er sich dem Kellner zu, der geduldig abwartete, in welche Richtung Max sich bewegen würde. "Excusez-moi", sagte er und sauste dann hinter dem anderen Kellner her, der bereits in der Küche zu verschwinden drohte. "Monsieur!", rief er – ihm fiel gerade nichts Besseres ein.
Glücklicherweise wirkte es, und der Kellner drehte sich um.
Mehrere andere Köpfe wandten sich ebenfalls in seine Richtung. Max spürte, wie ihm vor Verlegenheit das Blut in den Kopf schoss.
"Une grande portion de frites, s'il vous plaît", raunte ihm eine ältere Dame zu, die vor einem riesigen Teller saß, auf dem eine kleine Portion Salat schön dekorativ angerichtet war. Max fand, dass die Frau ziemlich ausgehungert aussah.
"Une grande portion de frites, s'il vous plaît", erklärte Max dem Kellner also freundlich.
Der nickte und verschwand dann endgültig in der Küche.

Stolz ließ sich Max auf seinen Stuhl fallen. "Geht doch", murmelte er und stopfte sich demonstrativ die Stoffserviette in den Ausschnitt seines T-Shirts. So hatte er das bei der älteren Dame gesehen. Er schaute zu ihr hinüber. Sie zwinkerte ihm zu und tupfte sich mit der Serviette die Mundwinkel.

"Françoise ist Journalistin", begann Petra Landiges zu erklären, "und sie schreibt demnächst einen Paris-Reiseführer für Kinder und Jugendliche. Da hat sie mich gebeten..."
"... ob sie uns als touristische Versuchskaninchen benutzen darf?", fragte Linda etwas pikiert.
"Na ja, ganz so würde ich es nicht formulieren. Ihr wisst, dass ich meine Cousine nur selten sehe, weil sie in Frankreich lebt ..."
"Ja, das wissen wir alles, aber was hat sie mit uns vor?"
Max schwante nichts Gutes. Jeden Tag mit der Tante, die kein Wort Deutsch sprach, in Paris von Sehenswürdigkeit zu Sehenswürdigkeit geschleppt zu werden, war nicht gerade ein Urlaub nach seinem Geschmack.
"Ach, ihr werdet schon sehen", winkte Petra Landiges ab, "sie macht bestimmt tolle Sachen mit uns. Sie sagte auch, sie habe eine Überraschung für euch. Und ihr werdet endlich Paris kennen lernen: la ville la plus belle **au monde**!" Des **monuments**, des **parcs**, des **galéries**, **la Seine** avec ses ponts et **l'amour** dans l'**air**."

---

au monde auf der Welt
monuments Bauwerke
parcs Parks
galéries Galerien
la Seine die Seine
l'amour die Liebe
air Luft

"Hm." Max war ganz und gar nicht überzeugt.
Lindas Neugier hingegen war geweckt. "Paris, klingt schön", meinte sie.
Der Kellner erschien mit drei Suppenschälchen. "Et **voilà** la soupe du jour. Attention, c'est chaud! Bon appetit."
"Non, merci. Pas de soupe pour moi", sagte Max zum Kellner und schob den Teller weit von sich. "Ich will keine Suppe, ich habe keine Suppe bestellt, und ich werde sie auch nicht essen!" Max fühlte sich überrumpelt.
"Nur Pommes gibt es nicht", erwiderte die Mutter. "Irgendetwas Französisches sollten wir doch alle kosten."
"Stell dich nicht so an und probier wenigstens mal", funkte Linda dazwischen. "Mal sehen, ob du's ohne zu schlabbern hinbekommst!"
"Was ist das überhaupt für eine Suppe?", fragte Max.
"Die Tagessuppe", erwiderte Frau Landiges.
"Aha. Jetzt weiß ich mehr."
Linda räusperte sich und sprach den Kellner an, der den Nachbartisch abräumte und mit einer Serviette die letzten Krümel vom Tisch fegte. "Excusez-moi, Monsieur. **Quel est le nom de** cette soupe?"

---

voilà da ist
quel est le nom (de) wie heißt

“**Bouillabaisse**”, war die Antwort.
Linda drehte sich zu ihrer Mutter und flüsterte: “Mama, was ist das?”
Frau Landiges zuckte nur frech grinsend die Schultern. “Probiert erst mal und sagt, wie es euch schmeckt, dann verrate ich, was es ist. Es ist auf jeden Fall eine französische Spezialität.”
Max beschloss, sich ein kleines, unscheinbares Wörterbuch anzuschaffen, das er immer in der Hosentasche versteckt bei sich tragen würde, wenn sie erst in Paris waren.
Die Mutter löffelte unterdessen unschuldig die Suppe und verzog keine Miene. “**Allez, goûtez!**, wie die Franzosen sagen. Lasst es euch schmecken! Also mir schmeckt die Suppe ausgezeichnet. Wenn man in ein anderes Land reist, sollte man sich den dortigen Lebensgewohnheiten anpassen, finde ich.”
“Ich esse doch nicht alles!”, widersprach Max und nahm sich erst mal ein Stück von dem Baguette. Da weiß man, was man hat.
“**Tout va bien?**”, hakte der Kellner im Vorübergehen nach.
“Ah oui, merci”, schwärmte Linda. “C’est délicieux.”

Bouillabaisse reichhaltige Fischsuppe
Allez, goutez! Los, probiert!
Tout va bien? Alles in Ordnung?

Max probierte nun doch. “Nee, ehrlich, das ist nicht mein Ding, diese Suppe. Mama, schieß los, was ist das?!”

“Fischsuppe natürlich, das schmeckt man doch”, sagte sie trocken und aß weiter. Sie kratzte bereits den letzten Rest aus dem Schälchen.

Max schob das Suppenschälchen in die Tischmitte. Und schon war der Kellner zur Stelle.

“C’était bon?”, erkundigte er sich.

“Très bon”, antwortete die Mutter. “Merci.”

“Ist okay, aber ich möchte heute nur Pommes”, erklärte Max seine noch volle Suppenschale.

Der Kellner nickte wissend, murmelte: “Je comprends”, und nahm das Suppenschüsselchen mit.

Und dann kam das Essen – alles gleichzeitig, wie es sich gehört. Max grinste breit, er hatte einen übervollen Teller Pommes pur, ganz nach seinem Geschmack, und darauf und darum herum schlängelten sich dekorative Linien von feinstem Ketchup und edelster Majonäse. Es sah köstlich aus.

Dann sah Max zu Linda hinüber. Die starrte mit entsetztem Blick auf ihren Teller. “Pilze! Steinpilze! Igitt! Aber ich habe doch Crêpes mit Hühnerfrikassee bestellt!”

“Oh nein”, korrigierte ihre Mutter sie mitleidig. “Du hast *cèpes* und nicht *crêpes* bestellt. Deshalb habe ich nachgefragt, ob du sicher bist. Willst du es trotzdem versuchen?”

Pilze statt Pfannekuchen? Linda antwortete nicht. Stumm griff sie zu Messer und Gabel. "Und wie isst man das? Und wie wird man davon satt? Und wer bringt mich ins Krankenhaus, wenn mir davon schlecht wird?" Linda verzog angeekelt ihr Gesicht. "Je déteste les **champignons**."
Frau Landiges schmunzelte. "Bist du sicher, dass du es essen willst? Oder soll ich dir etwas Anderes bestellen?"
Lindas Kopf fuhr hoch und sie sah ihre Mutter stolz an. "Was denkst du denn? Ich esse, was ich bestelle, **un point c'est tout**."
Petra Landiges nickte. "Gut, vielleicht schmeckt es dir ja auch. Guten Appetit!"
Max beobachtete, wie sich das Gesicht seiner Mutter veränderte, als sie auf ihren eigenen Teller blickte. Da lagen ein paar wunderschöne Schneckenhäuschen in einer Soße aus Butter, Petersilie und Zwiebeln. Es war offensichtlich, dass auch seine Mutter etwas anderes erwartet hatte. Max musste sich sehr beherrschen, um nicht laut loszulachen. Neben dem Teller seiner Mutter lag eine kleine Zange. "Guck mal Linda, hier isst man mit Zangen!"
Nun starrte auch Linda auf den Teller der Mutter. Und ein fetter Steinpilz löste sich von ihrer Gabel,

---

champignons Pilze
un point c'est tout basta

plumpste in die Soße und hinterließ einen fetten Spritzer auf ihrem T-Shirt. "**Mince!**", schimpfte Linda – allerdings leise. Insgeheim freute sie sich, dass ihr ein französisches Schimpfwort eingefallen war.
Max tupfte sich mit seiner Serviette einen Majonäsenklecks aus dem Mundwinkel. Er grinste und genoss seine Pommes, ihren herrlichen Duft und den schlichten, bekannten und berechenbaren Geschmack.
"Na dann mal los, auf in den Kampf!", murmelte Petra Landiges. Beherzt fuhr sie mit der Zange in ein Gehäuse und versuchte, das Fleisch herauszuziehen. Es gelang ihr nicht. In Max brodelte es. Allzu lange würde er sein Lachen nicht mehr zurückhalten können. Seine Schwester würgte an einem übergroßen Steinpilz. Frau Landiges hielt nun die Schnecke mit der Zange fest und bohrte mit einer kleinen Gabel im Schneckenhaus herum. Ihr Gesicht erhellte sich. "Warte, dich kriege ich schon da raus", murmelte sie und zog tatsächlich ein kleines Stückchen Fleisch hervor.
Max musste weggucken. "Mann, bin ich froh über meine Pommes…", wisperte er glucksend.
"**Chut!**", schoss es aus Lindas Mund. "Sei einfach nur ganz, ganz still!"

Mince! Mist!
Chut! Pst!

Seine Mutter warf ihm einen fürchterlichen Blick zu. "Sei still! Sonst rede ich nur noch französisch mit dir! Toi, tu **ne** dis **rien**!", befahl sie. Und dann flutschte die nächste Schnecke aus dem Häuschen und direkt in den Mund der Mutter. "C'est très très bon", sagte sie kauend zum vorbeihuschenden Kellner.
Max nickte verständnisvoll. Seine Mutter kämpfte wieder mit einer Schnecke, die offenbar fest am Haus klebte. Auf einmal löste sich das Biest und landete – PLATSCH! – auf der schicken weißen Seidenbluse von Petra Landiges. Sie ließ wütend die Zange auf den Teller fallen – was zu weiteren Spritzern auf der teuren Bluse führte – und tupfte wild auf den Flecken herum. "Wie peinlich ist das denn", schimpfte sie. "Ich dachte ehrlich gesagt, die Schnecken würden ohne Haus serviert ..."
"Oui Madame?!" Der Kellner stand neben ihr und starrte besorgt auf die Bluse, auf der die Schnecke eine dicke Spur hinterlassen hat. "**Y a-t-il un souci?**"
Frau Landiges hielt inne und schaute den Kellner nachdenklich an. Sie sah mit gerunzelter Stirn erst zu Max, dann zu Linda, grinste schließlich breit und meinte: "**Je voudrais bien,** moi aussi, une portion

ne ... rien nichts
Y a-t-il un souci? Gibt es ein Problem?
je voudrais bien ich hätte gerne

de ces délicieuses pommes frites, avec **un peu** de ketchup et de mayonnaise."
"Bien sûr, Madame. Et les escargots?"
"Délicieux, mais un peu **trop visqueux**. **Par contre**, nous avons **encore faim**!"
Der Kellner schaute etwas pikiert und sah zu Linda, die ihren Teller weit von sich geschoben hatte. "Moi aussi", strahlte sie ihn nur an.
Der Kellner entfernte sich mit den beiden Tellern. Linda, Max und ihre Mutter schüttelten sich vor Lachen und riefen unter Tränen "Paris, Paris, **on arrive**!"
Da klopfte jemand Max auf die Schulter. Es war die ältere Dame. Sie hielt Max ein kleines Wörterbuch hin. "**Tiens**, prends ce dictionnaire. Il pourra t'aider à Paris."
"Oh, merci beaucoup. Êtes-vous **française**?" Neugierig sah Max die ältere Dame mit den lebhaften Augen an.
"Oui, je viens de Marseille. **J'ai rendu visite** à ma

---

un peu ein wenig
trop visqueux zu glibberig
par contre allerdings
encore faim noch Hunger
on arrive wir kommen
tiens da, nimm
française Französin
j'ai rendu visite ich habe ... besucht

petite-fille ici en **Allemagne**. Mais **je rentre** demain." Sie strahlte Max an und sah dann zu Linda und ihrer Mutter. Dann lächelte sie breit und meinte: "**Vous devriez** utiliser une serviette, vous aussi, comme ce **jeune homme malin**." Sie nickte ihnen allen freundlich zu und verabschiedete sich. "Au revoir et **bon séjour** à Paris!" Dann trippelte sie aus dem Restaurant.

---

petite-fille Enkelin
Allemagne Deutschland
je rentre ich fahre nach Hause
vous devriez Sie sollten
jeune homme malin clevere junge Mann
bon séjour schönen Aufenthalt

Ankunft in Paris

"Je suis **épuisée**." Linda gähnte herzerweichend. Max konnte nicht anders als mitgähnen. Ihre Ankunft auf dem Pariser Flughafen Charles de Gaulle war nervenaufreibend gewesen. Sie hatten den Ausgang nicht gefunden und waren ewig lange herumgeirrt. Nun saßen sie endlich in der Küche von Françoise, der Cousine ihrer Mutter, in der Rue du Général Lanrezac. Sie hatten ein Taxi genommen, waren durch das abendliche Paris in den Stadtteil Neuilly gefahren, wo Françoise im Hinterhaus in der vierten Etage wohnte. Die Häuser in Paris sahen ganz anders aus als in Deutschland, wie aus einer anderen Zeit. Hell, wie aus Sand gebaut. Irgendwie schön. Fremd. Aufregend.

"**Je suis désolée**, mais je n'ai pas pu **venir** vous **chercher** à l'**aéroport**." Françoise war in Frankreich aufgewachsen und sprach kein Wort Deutsch. Sie half ihnen, ihre Taschen auszupacken und die Sachen in einem kleinen leergeräumten Schrank sinnvoll zu verteilen, und erzählte dabei von ihrem anstrengenden Tag. Das Wohnzimmer war gedrängt voll mit

---

épuisée erschöpft
je suis désolée es tut mir leid
venir ... chercher abholen
aéroport Flughafen

Schnickschnack, Figürchen, Vasen, Bildern auf gemusterten Tapeten, kleinen Lämpchen, Schränkchen, Beistelltischchen.

"Nous avons cherché un **guichet d'information** partout. Nous connaissons l'aéroport Charles de Gaulles **par cœur maintenant**", beklagte sich Linda.

Petra Landiges seufzte und ließ das Kofferschloss zuschnappen.

"**Et vous voilà.** Avez-vous faim?", erkundigte sich Françoise.

Max und Linda sahen sich an. Was würde sie ihnen wohl auftischen? Schnecken? Pilze? Miniportionen edelster Salatblätter?

"Voudriez-vous des **pâtes**?"

Nudeln, wunderbar! Linda und Max nickten begeistert, und während ihre Mutter beim Kochen half, legten sie sich aufs große Bett mit dem bunt bestickten Tuch und schauten fern.

"Mensch, das ist doch Titeuf!" Max richtete sich begeistert auf. "Wie kommt der denn ins französische Fernsehen?"

Linda grinste. "Achte mal auf den Namen – der ist

---

guichet d'information Auskunftsschalter
par cœur auswendig
maintenant jetzt
Et vous voilà. Und da seid ihr.
pâtes Nudeln

vielleicht französisch! Titeuf ist die Abkürzung für petit œuf – Eierkopf!" Max war platt. 1:0 für Linda. "**Vous entendez-vous bien** avec Minou, Mimi et Minette?", rief Françoise aus der Küche.
Die beiden sahen sich fragend an, aber in dem Augenblick sprangen zwei Kätzchen auf das Bett und beschnupperten sie.
"**Qui est qui?**", riefen sie zurück in die Küche, kraulten die beiden Tiere und wehrten sich gegen die Fangen spielenden Pfötchen.
"Minou a des **tâches blanches** sur le nez, Mimi est **zébrée** et Minette est leur mère."
"Minette n'est pas ici", rief Linda lachend, während die beiden Kätzchen sich auf ihrem Bauch balgten. Max beugte sich über den Rand des Betts und zuckte augenblicklich zurück. Eine fauchende Katzenmutter hatte mit den Krallen nach seiner Nase gegriffen. Erschrocken setzte er sich wieder auf.
"Mais **faites attention**, parfois elle est **hargneuse**."
"Ja, das habe ich bemerkt", murmelte Max. Er konzentrierte sich wieder auf den Fernseher. "Je ferai at-

---

vous entendez-vous bien versteht ihr euch gut
Qui est qui? Wer ist wer?
tâches blanches weiße Flecken
zébrée gestreift
faites attention passt auf
hargneuse biestig

tention. Merci de me **prévenir**", rief er in Richtung Küche.

Die Nudeln schmeckten ihnen ausgezeichnet. In der kleinen Küche war es zudem urgemütlich. So eine Küche hatten Linda und Max noch nie gesehen. Sie war irgendwie altmodisch, kuschelig, mit einem uralten Gasofen. Und doch … Linda rümpfte die Nase. "**Pâtes au thon à la provençale**, miam miam",

---

prévenir warnen
pâtes au thon à la provençale Nudeln mit Thunfisch nach provenzalischem Rezept

schwärmte Max. Seine Schwester neben ihm schnüffelte in die Luft. "Was ist los, schmeckt's dir nicht?" flüsterte er.

Sie schaute ihn verschwörerisch an. "Doch, doch, aber irgendetwas riecht hier komisch."

Ihre Mutter war in ein angeregtes Gespräch mit Françoise vertieft, sie kümmerten sich nicht um das Gewisper der Geschwister. Linda ließ ihre Serviette wie unabsichtlich fallen und krabbelte unter den Tisch, um sie wieder aufzuheben. "Kein Wunder, dass es muffelt", kicherte sie und tauchte wieder auf. "Hier steht das Katzenklo."

Max verzog sein Gesicht. "Na toll. Hoffentlich macht sie es regelmäßig sauber..."

In dem Moment sprach Françoise Max und Linda an, und sie zuckten zusammen. Aber es ging nicht um das Katzenklo.

"Alors, qu'aimeriez vous **visiter** à Paris?"

Keine Ahnung, darüber hatten sie sich noch gar keine Gedanken gemacht. Aber bevor sie antworten konnten, sprach Françoise schon weiter. "J'ai un bon **programme** pour vous. Un **couturier** très **rénommé** que je dois **interviewer** est à Paris avec sa nouvelle

---

visiter besuchen
programme Programm
couturier Modeschöpfer
rénommé berühmt
interviewer interviewen

collection pour **jeunes adultes**. Le **défilé de mode** commence demain."
Linda starrte Françoise begeistert an. "C'est **génial**! Où ça? Y aura-t-il des **mannequins**? Peut-on leur parler après?" Linda wollte alles wissen.
Françoise lachte. "Je ne sais pas encore. On verra. Et toi Max, comment trouves-tu cette idée?"
Max interessierte sich wirklich überhaupt nicht für eine Modenschau. Aber er wollte nicht unhöflich sein. "Je ne sais pas."
Petra Landiges lachte und sagte: "Si ça ne t'intéresse pas, on fera **autre chose**."
"Mais qu'est-ce que tu voudrais voir?", erkundigte sich Françoise bei ihm. Er zuckte mit den Achseln. Darüber sollte *sie* sich doch Gedanken machen, sie schrieb schließlich einen Reiseführer. "**Je n'en sais rien**, c'est **la première fois** que je viens à Paris."
"Bon, **que penses-tu** de la **visite d'un musée**?"
Max zuckte wieder mit den Schultern.

---

collection Kollektion
jeunes adultes junge Erwachsene
défilé de mode Modenschau
génial toll
mannequins Models
autre chose etwas Anderes
je n'en sais rien keine Ahnung
la première fois das erste Mal
que penses-tu (de) was hälst du (von)
visite d'un musée Museumsbesuch

"Ou du marché aux oiseaux?", fragte Françoise weiter.
"**Pourquoi pas.**"
"Sinon, nous pourrions aller à l'Opéra National de Paris, il y a ..."
Max winkte ab.
"Et **si** nous allions visiter un **cimetière**?", erkundigte sich Françoise.
Max verschluckte sich fast. "Un cimetière?"
Françoise nickte. "Nous avons de très beaux cimetières."
Na dann doch lieber eine Modenschau, dachte Max enttäuscht. "Bon, je pense que **je vous accompagnerai** au défilé de mode", erklärte er.
Linda gähnte. "**Je vais me coucher**. Je suis fatiguée."
Max verschlang die letzten Nudeln und folgte seiner Schwester. "Moi aussi."
Max und Linda schliefen einem ersten aufregenden Tag in der französischen Hauptstadt entgegen.

Pourquoi pas. Warum nicht.
si wenn
cimetière Friedhof
je vous accompagnerai ich werde euch begleiten
Je vais me coucher. Ich gehe schlafen.

Modenschau vor dem Louvre

"Bonjour! **Levez-vous**, le petit déjeuner est prêt!" Petra Landiges riss die Vorhänge auf und das Licht blendete Max und Linda.
"**J'espère** que vous aimez les croissants? Qu'est-ce que vous buvez le matin? Du chocolat chaud ou du thé ou du lait ou du jus d'orange?" Françoise empfing sie mit einem strahlendem Lächeln. Sie trug ein buntes Kleid und einen knallroten Lippenstift. Linda fand sie wunderschön. Frisch duftende Croissants dampften auf dem mit verschiedenen Marmeladen und Honig gedeckten Tisch. Draußen schien die Sonne, es war ein wunderbarer Sommertag.
"Aujourd'hui, je voudrais vous **emmener** au **Musée du Louvre**", erklärte Françoise, während sie den Korb mit Croissants herumreichte.
"Au musée? Et le défilé de mode?", hakte Linda überrascht nach.
"Il commence à cinq heures cet après-midi et **aura lieu** à la **pyramide**."

Levez-vous! Aufstehen!
j'espère ich hoffe
emmener mitnehmen
Musée du Louvre der Louvre
aura lieu wird stattfinden
pyramide Pyramide

Max wunderte sich. "Quelle pyramide? Je **ne** connais **que** des pyramides **en Égypte**..."
Françoise lachte. "Mais non, c'est une pyramide en verre, qui **se trouve** devant le Musée du Louvre. **Il faut absolument y** aller avant le défilé." Françoise goss sich und ihrer Cousine Kaffee ein. Sie wandte sich an Max. "Petra dit que **tu t'intéresses à** l'histoire? Une **grande partie** du Louvre **est dédiée** à **la Mésopotamie**."
Max staunte. "**Tout ça** dans **un seul** musée?"
Lachend schenkte Françoise ihm Tee ein. "Oui, c'est très grand! Il y a aussi la plus grande **collection de peinture**, avec **la Joconde**."
Linda seufzte laut. Ein riesiges Museum also, und dann noch die Modenschau. Da hatten sie ja für heute schon ziemlich viel vor! "Je veux voir la Joconde."

---

ne ... que nur
en Égypte in Ägypten
se trouve befindet sich
il faut wir müssen
absolument unbedingt
y dort
tu t'intéresses à du interessierst dich für
une grande partie ein Großteil
est dédiée ist gewidmet
la Mésopotamie Mesopotamien
tout ça alles das
un seul einem einzigen
collection de peinture Gemäldesammlung
la Joconde die Mona Lisa

"On partira après le petit déjeuner", bestimmte ihre Mutter.

Als sie Stunden später über die Treppe der Glaspyramide das Museum verließen, hatten sie das Gefühl, gerade mal einen Zipfel von allem gesehen zu haben. "Comme c'est beau ici!", rief Max. Und Linda stimmte ihm zu. Es war überwältigend. Bisher hatte sie Museen eher langweilig gefunden – aber das hier war ganz anders.
"Ah, ça **vous a plu**, je suis contente", freute sich Françoise. Man roch förmlich, wie stolz sie auf ihre Stadt war. Um die Pyramide herum wurden jetzt Bänke und Podeste aufgebaut. Musik kam aus mehreren Lautsprechern. An einem Ende des Platzes stand ein riesiges Zelt, aus dem ein langer Laufsteg hinausführte. Auf dem Platz herrschte ein emsiges Treiben, und das vielstimmige Gemurmel summte wie ein Wespenschwarm.
Ein junger Mann kam auf Françoise zugestürmt und rief: "**Tiens, te voilà déjà!** Que je suis heureux de te voir! **Je vous ai gardé des places** à toi et à tes amis." Durch eine schrille gelb-schwarze Designerbrille, die

---

vous a plu hat euch gefallen
Tiens, te voilà déjà! Schau an, da bist ja schon!
je vous ai gardé des places ich habe euch Plätze freigehalten

in einem beißenden Kontrast zum grün schillernden Anzug stand, fiel sein Blick auf Max und Linda. "**Fraîchement importés** d'Allemagne." Er lachte und sagte in kaum verständlichem Deutsch: "Wie geht es Ihnen? Mir geht es gut! – C'est tout ce que je sais dire en allemand. Je m'appelle Jean-Jacques. Si vous avez besoin d'aide, **faites-le moi savoir**." Jean-Jacques sprühte vor Begeisterung. "J'espère que notre défilé de mode vous plaira! Il commence **bientôt**."
Von allen Seiten kamen Leute herbeigeströmt. "**À tout à l'heure**", verabschiedete er sich und verschwand durch das immer enger drängende Publikum in Richtung Zelt.
Musik ertönte. Ein älterer Mann mit einem grauschwarz melierten, dicken, langen Zopf kam aus dem Zelt direkt auf den Laufsteg spaziert, langsam und feierlich.
"C'est lui", erklärte Françoise. "C'est Charles Laffringue, un des plus grands couturiers de Paris."
Tosender Applaus begrüßte den elegant gekleideten Herrn, der nun zu sprechen begann. "Welcome! Bienvenue! Willkommen! ... à notre défilé de mode.

---

fraîchement importés frisch importiert
faites-le moi savoir lasst es mich wissen
bientôt bald
à tout à l'heure bis gleich

Aujourd'hui **j'ai le plaisir** de vous **présenter** ma **dernière collection** pour **adolescents** et jeunes adultes devant **le plus célèbre des monuments** – le Musée du Louvre!"

Die Zuschauer klatschten erneut Beifall, der Modemacher schlenderte zurück zum Zelt, die Musik setzte ein und die ersten Models betraten den Laufsteg. Sie liefen auf und ab, kamen und gingen, um in immer neuen, außergewöhnlich schrillen Kleidungsstücken aufzutreten.

"Il aime les couleurs, **surtout** l'**or** et l'**argent**!", lachte Françoise. Das war nicht zu übersehen. Charles Lafringue hatte ganz offensichtlich eine Vorliebe für schrille Farbkombinationen.

"Et les chemises et les **foulards** aussi", lachte auch Linda.

"Très **coloré**", kommentierte Françoise die Show.

---

j'ai le plaisir habe ich das Vergnügen
présenter vorstellen
dernière collection neuste Kollektion
adolescents Jugendliche
le plus célèbre des monuments der berühmtesten Sehenswürdigkeit
surtout vor allem
or Gold
argent Silber
foulards Halstücher
coloré bunt

“**Vraiment** joli!”
Es gab auch männliche Models. Max beäugte sie äußerst kritisch. Sehr gelackt fand er sie, und ein bisschen zu cool.
“Je voudrais voir le look qu’ils ont **quand ils ne défilent pas**”, meinte er.
Linda wandte sich an Françoise: “S’il te plaît, après le défilé, pourrons-nous aller voir les mannequins?”
Françoise nickte. “C’est **prévu**. Jean-Jacques **arrangera** cela pour nous.”
Lindas Herz klopfte vor Freude. Nicht, dass es ihr größter Traum war, Models kennen zu lernen. Aber jetzt, wo es ihr plötzlich ermöglicht wurde, fand sie es schon ziemlich aufregend. Max war nur mäßig neugierig.

---

vraiment wirklich
quand ils ne défilent pas wenn sie nicht auf dem Laufsteg sind
prévu vorgesehen
arrangera wird (es) arrangieren

Wer hat das teure Tuch gestohlen?

Da standen sie nun mit großen Augen und staunten über das unglaubliche Treiben und die Hektik im Zelt.

Die meisten Models saßen in hauchdünnen Bademänteln vor kleinen Schminktischchen, Leute fummelten an ihren Haaren herum und zogen Klick-Extensions heraus, manche schminkten sich dabei selber ab, andere wurden abgeschminkt. Dabei verwandelten sich die Models zunehmend in ganz normale Jugendliche. Unzählige Garderobieren, Männer und Frauen, sortierten die eben noch vorgeführte Modeware.

"Regardez, il y a des pantalons, des chemises, des jupes, des vestes, des écharpes, des chapeaux, des chaussures et des sacs à dos ..." Linda war nicht zu bremsen. Und es war unglaublich, in welcher Geschwindigkeit die einzelnen Teile in Schutzfolien gehüllt und aufgehängt oder in große Kisten verpackt wurden. Der Meister selber, Monsieur Lafringue, kontrollierte jedes einzelne Stück.

"Excusez-moi, qu'est-ce que vous faites ici, s'il vous plaît?" Max versuchte mit einem freundlich wirkenden jungen Mann ins Gespräch zu kommen.

Der stutzte und sah ihn fragend an. "Je suis un hair-

stylist, un **coiffeur**. Je m'appelle Pierre. Et toi, qui es-tu? Je **ne** t'ai **jamais** vu ici avant."
"Oh, nous sommes des **invités** à Jean-Jacques", erwiderte Linda schlagfertig. "Moi, c'est Linda et **voici** mon frère Max. Combien de **personnes** travaillent ici?"
Der junge Mann lachte laut auf. "**Aucune idée**. **Pardonnez-moi**, mais **j'ai à faire**, nous faisons les **extensions de cheveux**!" Und weg war er.
"Guck mal, das Model da hinten!" Max zeigte auf ein junges Mädchen, das umringt war von verschiedenen Helfern. Die meisten anderen Models waren fast fertig und schlüpften schon in ihre privaten Kleider. Nur das Mädchen, in deren Richtung die beiden jetzt starrten, schien unzufrieden zu sein. Sie zog jedenfalls ein langes Gesicht und schien herumzumaulen.
"Tout va bien?" Françoise und Petra Landiges hatten sich mit Jean-Jacques unterhalten und kamen nun zu ihnen.

---

coiffeur Frisör
ne … jamais nie
invités Gäste
voici das hier ist
personnes Personen
aucune idée keine Ahnung
pardonnez-moi entschuldigt bitte
j'ai à faire ich habe zu tun
extensions de cheveux Haarverlängerungen

"Voulez-vous m'accompagner? Je vais interviewer Charles Lafringue maintenant", erklärte Françoise. Doch zu diesem Interview sollte es vorläufig nicht kommen, denn plötzlich ertönte ein markerschütternder Schrei.

"Non, non, mais c'est **impossible**!" Charles Lafringue brüllte wie am Spieß, und alle anderen verstummten. Er, der vorher so fein und edel aufgetreten war, wirkte jetzt wie eine Bulldogge. Seine Halsschlagader trat deutlich hervor und auf seiner Stirn perlte der Schweiß. Ein beflissener Visagist wollte ihn abtupfen – wurde von ihm aber unsanft zur Seite geschubst. "Où est ce petit foulard? Celui avec le soleil! **Qui est-ce qui** l'a pris?"
Ein unvorstellbares Gewusel brach aus, wie in einem Ameisenhaufen. Alle Anwesenden rannten hin und her und suchten überall nach dem verschollenen Tuch. Der Meister selber stand da, unbeweglich, mit hochrotem Kopf.
"C'est peut-être **lui-même** qui l'a volé, **comme ça**, c'est l'**assurance** qui paie", hörte Max hinter sich eine Stimme flüstern. Lafringue soll sich selbst bestohlen

---

impossible unmöglich
Qui est-ce qui? Wer?
lui-même er selbst
comme ça auf diese Weise
assurance Versicherung

haben? Neugierig lauschte er der Antwort. "**Je ne supporte plus** ses **crises de colère**", erwiderte eine zweite genervte Männerstimme. "Peut-être **quelqu'un** a-t-il pris ce foulard pour **agacer** Lafringue", meinte eine dritte Stimme. Es wurde gekichert. Max wagte nicht, sich umzudrehen, er wollte nicht zeigen, dass er etwas von dem Gespräch belauscht hatte. Aber er war fürchterlich neugierig. Seine Schwester, die neben ihm stand und fasziniert das Gewimmel der Suchenden beobachtete, erschrak, als er sie am Ärmel zog.

"Sag schnell, wer steht hinter mir?", fragte er sie aufgeregt.

Linda schaute hinter ihren Bruder.

"Eine Gruppe Models, drei Jungens", antwortete sie. "Wieso?"

In diesem Moment kam das junge Mannequin, das sie vorher schon beobachtet hatten, in ihre Richtung gerannt und stürmte auf den Modemacher zu. "**C'est moi qui l'ai porté tout à l'heure**, ce foulard, mais je l'ai donné à Suzette. Où est-elle?", kreischte sie aufgebracht.

Eine etwas rundliche, kleine Frau eilte herbei und

---

je ne supporte plus ich ertrage ... nicht mehr
crises de colère Tobsuchtsanfälle
quelqu'un jemand
agacer ärgern
c'est moi qui l'ai porté tout à l'heure ich hab's vorhin getragen

verteidigte sich: “Je l’ai **remis** dans la boîte!” Mit ringenden Händen stand sie vor dem Modeschöpfer und beteuerte ihre Unschuld. “C’était **en plein milieu** du défilé et j’étais très occupée à **habiller** les mannequins. Mais je l’ai remis dans la boîte, **je le jure**!”
Charles Lafringue quollen fast die Augen aus dem Kopf. “**Qu’est-ce que cela veut dire?**”, presste er zwischen den Zähnen hervor. “**Je te tiendrai pour responsable**, si nous ne le **retrouvons** pas!”
Die Garderobiere wurde leichenblass. “Monsieur, **je vous le promets**, nous allons le retrouver!”
Linda konnte es nicht fassen, wie viel Aufhebens um ein kleines Tuch gemacht wurde.
Plötzlich fiel ihr Blick auf eine ältere Frau, die in einem Arbeitskittel und auf einen Besen gestützt, dem Treiben ebenso fasziniert zusah wie sie selbst. Ihre Augen trafen sich für einen Moment. Es schien Linda, als ob die Frau ihr zuzwinkerte, aber sie war sich nicht sicher. Dann bewegte sie sich wieder und fegte um

---

remis zurückgelegt
en plein milieu (de) mitten (in)
habiller anziehen
je le jure ich schwöre es
Qu’est-ce que cela veut dire? Was soll das heißen?
je te tiendrai pour responsable ich werde dich verantwortlich machen
retrouvons wiederfinden
je vous le promets ich verspreche es Ihnen

die Stühle der Models herum den Müll zusammen, als ob sie die Angelegenheit nichts anginge.

"Quelqu'un a-t-il retrouvé le foulard? Il faut **appeler** la **police**", kreischte der Modezar.
Jean-Jacques zückte sein Handy.
Françoise tauchte wieder neben Max und Linda auf. "Désolée, mais je pense que nous ne pouvons pas **partir** quand la police **enquête**. **Sinon**, on pourrait croire que c'est nous les **voleurs**."
Linda und Max nickten eifrig. Sie hatten gar nichts dagegen, dazubleiben und die weiteren Vorgänge mitzuverfolgen, im Gegenteil. Max genoss das Gefühl, dass endlich etwas los war. Sein Blick schweifte umher und fiel auf drei junge Frauen, die in einer Ecke zusammenstanden und redeten. Es waren keine Models, dafür waren sie zu alt und zu dick. Nicht, dass sie wirklich alt und dick gewesen wären, aber die Models waren ausnahmslos alle sehr jung und spindeldürr. Ungeschminkt sahen sie fast so jung aus wie er und seine Schwester. Max gefielen so dünne Mädchen überhaupt nicht – aber es war ihm auch egal. Er beobachtete die

appeler anrufen
police Polizei
partir weggehen
enquête ermittelt
sinon sonst
voleurs Diebe

drei Frauen, weil sie sehr intensiv tuschelten und immer wieder auf das übellaunige Model zeigten.
Max folgte einem Impuls und ging zu dem Mädchen hin. Eine Visagistin versuchte gerade, ihr das Gesicht einzucremen, der Hairstylist zog vorsichtig Extensions von ihrem Kopf. Bei jeder noch so kleinen Bewegung quiekte das Mädchen und der Hairstylist seufzte. Neben ihr stand eine Frau, die die Extensions vorsichtig entgegennahm und sorgfältig zusammenlegte, als wären sie kleine Kostbarkeiten.
Plötzlich sah das Mädchen auf und starrte Max ins Gesicht. Sie erschraken beide.
Der Visagistin entfuhr ein "**Zut!**", weil sie Creme auf den Kragen des Bademantels geschmiert hatte und die Tube auf dem Boden gelandet war.
Das Model brüllte ihn an: "Tu es qui, toi? **Tu me poursuis**? Qu'est-ce que tu veux? Tu as pris des photos de moi quand j'avais les yeux fermés?"
Max sagte rasch: "Non, non, **pas du tout**." Er würde niemals ungefragt Fotos von jemandem machen!
Dann sprang das Mädchen zum Entsetzen des Hairstylisten auf und schrie: "C'est lui! Il doit être le voleur!"
Alle verstummten und starrten ihn an.
Françoise, Linda und Petra Landiges eilten herbei.

Zut! Mist!
tu me poursuis verfolgst du mich
pas du tout keineswegs

"Non, Max n'est pas un voleur", beruhigte Françoise das aufgebrachte Model. "C'est le fils de ma cousine d'Allemagne, il est venu avec moi. Il ne volerait jamais rien!"

Die anderen wandten sich wieder ab. Max spürte, wie sich sein Körper entspannte.

Draußen hörte man die Sirene der Polizei näher kommen.

"**Tiens-toi tranquille**, Mireille!", seufzte die Visagistin. "**Assieds-toi**, nous avons du **travail**!"

---

tiens-toi tranquille halt still
assieds-toi setz' dich hin
travail Arbeit

"Toi, tu as du travail! C'est *ton* travail et non pas *notre* travail! **Ce n'est pas de *ma* faute si c'est si long**!", beklagte sich Mireille. Max sah, dass sich die Visagistin und der Hairstylist einen vielsagenden Blick zuwarfen, bevor sie mit ihrer Arbeit fortfuhren.
"Marie!", rief die Visagistin und schnappte sich eine neue Cremetube.
Die Frau im Kittel mit dem Besen näherte sich in aller Ruhe. "Oui?", fragte sie freundlich.
"S'il te plaît Marie, peux-tu **nettoyer** ça?" Die Visagistin deutete auf die Tube am Boden und die Cremespritzer.
In diesem Moment stürmten vier Polizisten ins Zelt.
"**Personne ne quitte ce lieu!**", rief einer von ihnen.
Und dann begannen Verhöre und Durchsuchungen. Alle Personen, Jacken und Taschen wurden durchsucht.
Mireille machte wieder eine wilde Szene, wie man es wagen könne, sie zu verdächtigen, alle anderen nahmen es zumeist gelassen hin. Doch bei der Durchsuchung kam nichts heraus. Das Tuch war und blieb verschwunden.

---

ce n'est pas de ma faute ich kann nichts dafür
si c'est si long wenn es so lange dauert
nettoyer sauber machen
Personne ne quitte ce lieu! Niemand verlässt den Raum!

Bodyguards vor der Kathedrale

"Et demain, **je vous montrerai** un cimetière très connu", kündigte Françoise an, als sie im alten, klapprigen Lift in die vierte Etage zu ihrer Wohnung fuhren.

"Un cimetière? Pourquoi visiter un cimetière?", fragte Max. Françoise erwähnte die Friedhöfe nun schon zum zweiten Mal. Warum wollte sie unbedingt dorthin? Der Aufzug wackelte und hielt an. Die Tür quietschte beim Öffnen.

Françoise stieß die Gittertür auf, die vor der Aufzugstür angebracht war, und erklärte: "On y trouve des **tombes** de beaucoup de **célébrités**, comme celle de Jim Morrison."

"Jim Morisson? Le **chanteur** des Doors?", hakte Petra Landiges nach.

Die Katzen strichen um ihre Beine, sobald sie die Tür öffneten.

"Je les connais, les Doors", meinte Max, während er sich zu den miauenden Tieren beugte und sie abwechselnd kraulte. "Ich finde tote und begrabene Leute aber nicht so interessant. Ich will morgen wie-

---

je vous montrerai werde ich euch … zeigen
tombes Gräber
célébrités Berühmtheiten
chanteur Sänger

der zu der Modenschau", flüsterte er seiner Schwester zu, die neben ihm am Boden hockte und ebenfalls die Kätzchen streichelte.
Linda nickte. "Klaro, ich auch!"
Die beiden Frauen waren weiter in Richtung Küche gegangen. "Françoise?", rief Linda hinter ihnen her. "Où aura lieu le défilé de mode demain? Je voudrais bien y **retourner**!"
"**Si je me souviens bien**, ce sera devant la **cathédrale** Notre Dame de Paris. Elle est **magnifique**!"
Françoise begann mit der Zubereitung von leckeren **spaghettis sauce aux anchois**, und schon bald duftete es wunderbar in der ganzen Wohnung.
"Französisches Essen ist überraschenderweise nicht nur schrecklich", kicherte Linda. "Aber was wolltest du mir noch sagen?"
Max versuchte, seiner Schwester den belauschten Dialog so genau wie möglich nachzuerzählen. "Also ich finde, es gibt mehrere Verdächtige. Da waren drei junge Frauen, wahrscheinlich Praktikantinnen, die plötzlich verschwunden sind..."
"Und diese Putzfrau, die ist mir auch aufgefallen."

---

retourner noch einmal hingehen
si je me souviens bien wenn ich mich recht erinnere
cathédrale Kathedrale
magnifique prachtvoll
spaghettis sauce aux anchois Spaghettis mit Sardellensoße

Linda sah ihren Bruder an. Ihr Herz klopfte gewaltig.
"Ob morgen der Dieb gefasst wird?", grübelte Max. "Oder ob wieder geklaut wird?"
"Egal", meinte Linda. "Hauptsache, wir sind dabei!"

Am nächsten Morgen streunten sie erst einmal durch die Pariser Straßen. Das Wetter war wunderschön und sie genossen es, an Kunstgalerien und Modeboutiquen, Bistros und Gemüseläden, Pâtisserien und Käseläden vorbeizuschlendern. Im jüdischen Viertel Le Marais verzehrten sie einen köstlichen Strudel und waren fasziniert von den Männern in schwarzen Mänteln, mit Bart und langen Schläfenlocken.
"C'est la tradition", versicherte Françoise. "Et **le dimanche**, le marché aux fleurs et aux oiseaux a lieu dans ce **quartier**. Il y a beaucoup de couleurs et c'est ...", Françoise lachte, "... très **bruyant**! La cathédrale Notre Dame de Paris n'est pas **loin d'ici**", fuhr sie dann fort. "La **construction** de la cathédrale **a duré environ** cent soixante-dix ans."

---

le dimanche sonntags
quartier Viertel
bruyant laut
loin d'ici weit von hier
construction Bau
a duré hat gedauert
environ ungefähr

"Les **ouvriers** qui ont commencé de **construire** n'ont même pas vu le **résultat** de leur travail?" Die Mutter von Linda und Max schien über diese Erkenntnis erstaunt und betroffen zu sein. "**Quel dommage**", murmelte sie.
Sie wollten gerade die imposante Kathedrale betreten, als Linda Max anstieß. "Ils arrivent!"
Wagen hielten auf dem Vorplatz, Bänke wurden ausgeladen, das große Zelt, die Musikanlage. Linda wurde ungeduldig. Sie wollte den Besuch der Kathedrale rasch hinter sich bringen.
"Les mannequins vont arriver bientôt", drängelte sie.
Françoise nickte. "Bien sûr, **allons-y**!"
Die Kathedrale war riesig und unglaublich feierlich. Aber lange konnten sich weder Max noch Linda auf die Buntglasfenster, die Statuen und die Reliefs konzentrieren. "Saviez-vous que la cathédrale est le **centre** de la France?", fragte Françoise. "Voudriez-vous visiter le musée maintenant?"
Max und Linda schüttelten vehement den Kopf. So schön und beeindruckend es hier auch war, sie wollten raus.

---

ouvriers Arbeiter
construire bauen
résultat Ergebnis
quel dommage wie schade
allons-y gehen wir
centre Zentrum

Draußen blendete sie die Sonne.
"Oh, ils sont rapides. **Tout est déjà monté**", staunte Françoise. Das Zelt stand bereits, und auch der Laufsteg war schon aufgebaut. Die ersten Models tummelten sich auf dem Platz und sonnten sich.
"Viens, nous allons leur parler", schlug Linda vor.
Max folgte seiner Schwester.
"**Allume ton portable**, Max", rief Françoise ihm nach.
Seine Mutter sagte: "Je vais visiter le musée, à tout à l'heure!"
"**D'accord**, on se voit après le défilé!", rief Max.
"Attendez-moi, je voudrais dire bonjour à Jean-Jacques!" Françoise schloss sich Linda und Max an.
In diesem Moment fuhr ein Kleinbus vor, gefolgt von einer weißen Limousine. Der Limousine entstiegen Charles Lafringue und vier Männer, alle gleich gekleidet, die nicht von seiner Seite wichen.
"Tiens, les **gardes du corps**", grinste Max.
Linda begrüßte eins der Models: "Bonjour, je m'appelle Linda, j'étais déjà venue hier. **Comment vas-tu?**"
Das Mädchen lächelte freundlich und neugierig zu-

---

tout est déjà monté alles ist schon aufgebaut
allume ton portable schalt dein Handy ein
d'accord einverstanden
gardes du corps Leibwächter
Comment vas-tu? Wie geht es dir?

gleich. “Bonjour. Bien, merci. Je suis Claire. Je me souviens de toi. Tu étais dans les **coulisses** après le défilé. Tu vas le regarder **encore une fois**? Il t’a plu?”
“Oui, beaucoup! Mon frère Max et moi, **nous nous sommes régalés** hier! **D’ailleurs**, sait-on qui a volé le foulard hier …” weiter kam sie nicht.
“Chut”, wurde sie von zwei anderen Mädchen angefahren. “**Nous n’avons pas le droit** de parler de cette **affaire**.” Flüsternd fügte Claire hinzu: “Rien n’a été retrouvé encore. Monsieur Lafringue est furieux”.
“La police viendra peut-être pendant le défilé”, meinte ein anderes Mädchen.
“Ou le **Président de la République**”, giggelte eine dritte.
“Bonne idée!”, bemerkte Max grinsend.
Die Models lachten und betraten dann das Zelt.
“Privat sehen die echt ganz normal aus, nicht einmal besonders hübsch”, stellte Max trocken fest.
Linda nickte. “Wenn ich ihnen auf der Straße begeg-

---

coulisses Kulissen
encore une fois noch einmal
nous nous sommes régalés wir haben es genossen
d’ailleurs übrigens
nous n’avons pas le droit wir dürfen nicht
affaire Angelegenheit
Président de la République französische Staatspräsident

nen würde, käme ich überhaupt nicht auf die Idee, sie wären Models."

Die Schminktischchen waren bereits aufgebaut, die Visagistinnen und Hairstylisten hatten alles vorbereitet, und die ersten Models schlüpften aus ihren Alltagsklamotten in die Bademäntel. Mit Charles Laffringue kam auch die Garderobe. Seine vier Begleiter ließen die teuren Prachtstücke keine Sekunde aus den Augen.

"Oh, pardon, je suis vraiment désolée! **Ça va?**" Ein sehr dünnes Mädchen mit einem hübschen Gesicht und grünen Murmelaugen hatte Max fast umgestoßen. Er sah sie an und fand sie einfach nur wunderschön.

"Non, non, je veux dire, oui, oui, ça va, tout va bien. Je m'appelle Max et toi, **quel est ton nom**?"

"Catherine", erwiderte das Mädchen scheu und lief zu ihrem Schminktisch.

Linda staunte über das Gestammel ihres Bruders. "Gefällt die dir etwa? Die ist doch spindeldürr!"

Max starrte hinter dem Mädchen her. "Naja, mag schon sein, aber hast du ihre Augen gesehen?"

Linda schüttelte den Kopf. Das waren ja ganz neue Töne. Sie schaute ihren Bruder prüfend an. Aber er hatte sich schon wieder abgewendet.

Ça va? Alles in Ordnung?
quel est ton nom wie heißt du

Plötzlich tauchte Françoise neben ihnen auf. "Venez, je voudrais vous présenter à Charles Lafringue. Il me **donne un interview**, **dépêchez-vous**!"
Linda und Max begleiteten Françoise in eine Ecke des Zelts. Hier stand ein Tischchen mit vier edlen weißen Ledersesseln darum herum, auf dem Tisch eine Flasche in einem Kübel mit gestoßenem Eis, Gläser und eine Karaffe mit Wasser. Einer der Bodyguards gab Françoise ein Zeichen, sich zu setzen. Kaum hatten die drei sich niedergelassen, da kam auch schon der Modemacher.
"Bon, que puis-je faire pour vous?", erkundigte er sich.
Françoise begann: "Je suis **journaliste**". Der Modezar sah sie interessiert an. "**D'habitude**, j'écris pour de **différents** magazines, mais aussi un **guide** de Paris pour jeunes **voyageurs**. Ces deux **jeunes gens** viennent d'Allemagne et m'aident."
Françoise stellte Max und Linda vor.
Charles Lafringue betrachtete sie aufmerksam und

---

donne un interview gibt ein Interview
dépêchez-vous beeilt euch
journaliste Journalistin
d'habitude gewöhnlich
différents verschiedene
guide Reiseführer
voyageurs Reisende
jeunes gens jungen Leute

hielt besonders Lindas Hand etwas länger als nötig. "Aimes-tu mon **style**?", erkundigte er sich bei ihr. Linda nickte, und er lehnte sich zufrieden zurück. Dann inspizierte er Max von oben bis unten. "Et toi, la mode t'intéresse-t-elle?", fragte er neugierig.
"**Bof**...", druckste Max.
Der Modekönig winkte ab. "Tu es comme **la plupart** des garçons. La mode ne t'intéresse pas beaucoup. Cela se voit."
Max sah entsetzt an sich herab. Was war falsch an seiner Art, sich zu kleiden?
"Mais **quand même**, que penses-tu de mes mannequins **masculins**?"
Aufmerksam musterte der Modeschöpfer Max. Checkte er, ob Max sich als Model eignen würde? Das wollte er auf keinen Fall, deshalb antwortete Max ausweichend: "Oui, ils sont bien."
Charles Lafringue sagte nichts mehr dazu, er wandte sich stattdessen wieder an Françoise. "Bon, que voudriez-vous savoir?"

---

style Stil
bof na ja
la plupart (de) die meisten
quand même trotzdem
masculins männlichen

"Pouvez-vous me dire quand **vous avez décidé** de **devenir** un couturier?", wollte Françoise wissen.
"Et moi, je voudrais savoir comment vous êtes devenu **célèbre**", wollte Linda wissen. "Et **comment vous choisissez vos mannequins ?**"
Auch Max' Neugier war geweckt. "Quand vous voyez une personne intéressante dans la rue, l'invitez-vous à un ..."
"... un casting?", half Françoise nach.
Max nickte. "**Exact**. Et les mannequins, **combien gagnent-t-ils**?"
"Vont-ils encore à l'école?", fragte Linda.
Der Modemacher verzog das Gesicht. "Beaucoup de questions! Posez-en **quelques-unes directement** aux mannequins, mais ..." Er wollte gerade zu einer längeren Rede ansetzen, als Jean-Jacques auftauchte.
"Bonjour tout le monde! Salut Françoise! Les enfants! C'est sympa de vous voir **ensemble**, mais le défilé de mode commence!"

---

vous avez décidé Sie beschlossen haben
devenir werden
célèbre berühmt
comment vous choisissez vos mannequins wie suchen Sie Ihre Models aus
exact genau
combien gagnent-ils wieviel verdienen sie
quelques-unes einige
directement direkt
ensemble zusammen

Charles Lafringue erhob sich. "**On continuera plus tard**, je dois **ouvrir** le défilé", erklärte er und begab sich zu einer Visagistin, die ihn für seine kleine Willkommensrede puderte.
Max und Linda schauten durch einen Schlitz aus dem Zelt hinaus. Auf dem Vorplatz der Kathedrale drängten sich die Menschen.
"Sollen wir raus und uns noch einen Platz sichern?", fragte Linda.
"Weiß nicht", antwortete Max. "Sieht schon ganz schön voll aus. Wir könnten doch auch hier bleiben und zum Beispiel aufpassen, ob jemand etwas klaut? Was meinst du?"

Linda sah ihn an. "Gute Idee eigentlich. Meinst du, wir dürfen das?"
Sie baten also Françoise, im Zelt bleiben zu dürfen. Françoise klärte die Frage mit Jean-Jacques ab, der schließlich einwilligte, unter der Bedingung, dass sie nicht im Weg standen, sondern sich in die Sessel setzten und von dort aus den Leuten bei ihrer Arbeit zuschauten.

---

on continuera wir werden weitermachen
plus tard später
ouvrir eröffnen

Ein Sommerkleid verschwindet

Alles lief wie am Schnürchen, ein Model nach dem andern stöckelte über den Laufsteg und sogar die Nervensäge Mireille fiel nicht weiter auf. Doch plötzlich ertönte ein markerschütternder Schrei und Charles Lafringue kreischte: "Qui a volé la magnifique **robe d'été**?!!"

Max und Linda sahen sich beschämt an. Nun hatten sie die ganze Zeit über die Möglichkeit gehabt, alles zu beobachten, und doch hatten sie den Diebstahl eines Kleides nicht bemerkt. Wie peinlich. Als Detektive waren sie offenbar totale Versager – aber auch die Bodyguards. Linda sah, wie sie verzweifelt alles durchsuchten.
Wieder wurde die Polizei gerufen. Und wieder wurde nichts gefunden.
"Une robe courte **en soie**, violette et rose, magnifique, extravagante et très chère!" So beschrieb Jean-Jacques das gute Stück der Polizei.
Max lief hinaus vors Zelt und sah sich um. Gab es irgendetwas Verdächtiges? Kurz darauf kamen auch die drei Praktikantinnen aus dem Zelt und rauchten eine Zigarette.

---

robe d'été Sommerkleid
en soie aus Seide

“As-tu **remarqué** que Pierre est allé aux toilettes **trois fois**? Il a peut-être **caché** quelque chose”, berichtete die eine.
“J’ai vu Catherine **sortir plusieurs fois** – c’était peut-être elle”, sagte eine andere.
“Je ne crois pas. Charles l’adore, elle ne lui ferait jamais **une chose pareille**”, meinte die dritte.
Max war hellhörig geworden bei dem Namen Catherine. Ob sie über das Mädchen sprachen, das ihm so gut gefallen hatte? Auch er hatte beobachtet, dass sie häufig an einem der Ausgänge gestanden hatte. Aber wie hätte sie etwas fortschaffen können?

“Qui a porté la robe pendant le défilé?”, erkundigte sich eine Praktikantin.
“Claire. Elle était vraiment **bouleversée** quand elle a **appris** que la robe n’était plus là!”
Die drei Frauen mussten bemerkt haben, dass Max sie belauschte, denn auf einmal drehten sie sich zu ihm um und sprachen ihn an.

---

remarqué bemerkt
trois fois dreimal
caché versteckt
sortir hinausgehen
plusieurs fois mehrmals
une chose pareille so etwas
bouleversée erschüttert
appris erfahren

“**Toi là**, jeune homme. Es-tu un **espion**?”
Max merkte, dass er rot wurde. Es war ihm äußerst unangenehm, denn das musste wirken, als sei er auf frischer Tat ertappt worden. Er druckste herum.
“Non, mais moi aussi, je me demande qui a pu voler la robe.”
“**Alors**?”
“Aucune idée. Je ne comprends pas comment quelqu'un a pu **sortir** quelque chose de la tente sans être vu.”
Die drei Frauen nickten. “C'est vrai, c'est impossible. En plus, la police nous surveillait bien.”
Sie schauten in die Richtung der vier Bodygards, die Charles Lafringue begleitet hatten. Die hatten sich jetzt vor dem Zelteingang aufgebaut und durchsuchten erneut alle Taschen der herauskommenden Mädchen. Damit hatten die Models natürlich nicht gerechnet, denn sie waren ja im Zelt schon von der Polizei vernommen worden. Manche erschraken darüber und man hätte im ersten Moment vermuten können, dass sie etwas zu verbergen hatten – aber es wurde nichts gefunden.

---

toi là du da
espion Spion
alors nun
sortir hinaustragen

"Je dois manger quelque chose, j'ai faim, **pas vous**?" fragte Petra Landiges, die eben aus der Kathedrale und dem dazugehörigen Museum kam und sehr beeindruckt war. Etwas befremdet über die Panik, die der Diebstahl ausgelöst hatte, fand sie: "**Ils exagèrent**. Après tout, **il** ne **s'agit** que de vêtements!"
Die drei Praktikantinnen lachten.
"Vous ne connaissez pas Charles Lafringue", meinte eine von ihnen.
"Si vous avez faim", erklärte eine andere, "au **quartier Latin**, il y a beaucoup de petits restaurants et de bistros."
"Bien sûr", stimmte Françoise zu, "très bonne idée. En plus, c'est **tout proche**. Nous pouvons y aller **à pied**."
In dem Moment öffnete sich der Zeltausgang und Catherine kam heraus, gefolgt von Mireille.
"Toujours Catherine! Catherine, Catherine! **Comme si** elle était le seul mannequin en ville", giftete

---

pas vous ihr nicht
ils exagèrent sie übertreiben
il s'agit (de) es handelt sich (um)
quartier Latin lateinisches Viertel (berühmtes Studentenviertel in Paris)
tout proche ganz in der Nähe
à pied zu Fuß
comme si als ob

Mireille. Catherine war das alles offensichtlich sehr unangenehm.
Die Bodyguards hielten die beiden Mädchen an und baten sie, ihre Taschen zu öffnen.
Mireille flippte aus. "**Vous n'êtes pas sérieux**, **n'est-ce pas**? Nous ne sommes pas des voleurs!" Sie kreischte unerhört laut, und Charles Lafringue kam herbeigeeilt. "Qu'est-ce qui se passe ici? Y a-t-il un problème, ma **chérie**?" fragte er Catherine. Die lächelte nur gequält. "Ta maman n'est pas encore arrivée. Viens, on va boire quelque chose." Er legte seinen Arm um sie und führte sie zurück ins Zelt.
Mireille blieb zurück, stampfte mit dem Fuß auf und schnaubte wie ein Stier. Dann stapfte sie davon. Die Bodyguards zuckten nur die Schultern und sahen hinter ihr her.
Die drei jungen Frauen kehrten zurück ins Zelt. "Salut, **amusez-vous bien** et bon appétit", riefen sie Max und Linda noch zu.
"Traust du denen?", wollte Max von Linda wissen.
"Weiß nicht", erwiderte Linda. "Sind doch ganz nett, ich finde sie nicht verdächtig."

---

vous n'êtes pas sérieux das meinen Sie nicht im Ernst
n'est-ce pas nicht wahr
chérie Liebling
amusez-vous bien viel Spaß

Max verzog das Gesicht. "Kommt mir irgendwie komisch vor, dass man sie immer nur zu dritt antrifft."
Plötzlich erblickte Linda die Putzfrau bei den Toiletten am hinteren Zeltausgang. Sie unterhielt sich mit einem jungen Mädchen. Das war kein Model. Die Putzfrau überreichte dem Mädchen eine Tüte, tätschelte ihre Wange und schlüpfte wieder ins Zelt. Als das Mädchen sich zum Gehen wandte, kreuzte ihr Blick für einen Moment den von Linda. Dann huschte das Mädchen zur Seite und verschwand hinter der Toilette.

"Au Bistro de la Montagne, ils ont les meilleurs **steacks-frites salade**. Cela va plaire à Max qui aime **tant** les frites. Et pour toi, Petra, le **café crème** est délicieux." Françoise wirkte plötzlich ganz aufgedreht. "Je ne t'ai pas oubliée, Linda. Tu goûteras à leur mousse au chocolat."
Max schmeckte das Essen sehr gut und er hätte sogar auf die Pommes verzichtet. Das Essen in Frankreich war wirklich göttlich. Er grinste, als ihm die ältere Dame einfiel, die ihm das kleine Wörterbuch vermacht hatte. Er trug es immer bei sich.
"Il y a quelque chose dont je voudrais vous parler",

---

steack-frites salade Steaks mit Pommes frites und Salat
tant so sehr
café crème Kaffee mit flüssiger Sahne oder Milch

sagte Petra Landiges plötzlich mit ernster Miene. "Je ne sais pas **si** c'est **important**. Mais je ne peux pas l'oublier. **Quand je suis venue vous chercher** tout à l'heure, j'ai vu cette jeune fille qui est souvent avec Monsieur Lafringue."
"Catherine?", warf Max ein.
"Catherine, oui. Elle était **à côté** de la tente et j'ai vu qu'elle pleurait. Savez-vous ce qu'elle a? Est-elle **malade**?"
Max und Linda sahen sich fragend an. Catherine weinend?
"Je lui parlerai demain", beschloss Linda.
"Je viendrai avec toi", schlug ihr Bruder vor.
"Non", lehnte seine Schwester kategorisch ab. "**Je suis sûre** que c'est une **histoire de filles**!"

Kurz darauf fielen Max und Linda todmüde ins französische Bett mit den zwei Kätzchen und der Katzenmutter und schliefen augenblicklich ein.

---

si ob
important wichtig
quand je suis venue vous chercher als ich euch abgeholt habe
à côté neben
malade krank
je suis sûre ich bin sicher
histoire de filles Mädchenangelegenheit

Künstler, Treppen, Pfannekuchen

Am folgenden Tag stand der Eiffelturm auf dem Programm. Aber vorher wollte Françoise ihnen noch ein anderes Viertel zeigen: Montparnasse.
"**Autrefois**", erzählte sie, "on **rencontrait** beaucoup d'**artistes** dans ce quartier. Picasso, Chagall et **bien d'autres** habitaient ici."
"Qui?", hakte Linda nach. Diese Namen hatte sie noch nie gehört.
"Ha, wohl gepennt im Kunstunterricht, was?" gab Max an. Er kannte zwar nur Picasso, aber das reichte, um ein bisschen anzugeben.
Linda war neugierig und aufgeregt zu erfahren, wie es bei der Modenschau weitergehen würde.
"Quand le défilé de mode commence-t-il aujourd'hui?", fragte sie.
Petra Landiges seufzte. "Encore le défilé de mode! **J'ai l'impression** que cette affaire vous **préoccupe**. Mais il est tôt. Et j'ai encore faim!"

---

autrefois früher
rencontrait traf
artistes Künstler
bien d'autres viele andere
j'ai l'impression ich habe den Eindruck
préoccupe beschäftigt

Françoise lachte. "Dans ce quartier on trouve des crêpes **extraordinaires**, qu'est-ce que vous en pensez?"
Linda drehte sich kurz der Magen um, als sie an die *cèpes* dachte, die sie anstelle von *crêpes* im französischen Restaurant bestellt hatte – aber das konnte ihr jetzt nicht mehr passieren. "S'il ne s'agit pas de crêpes aux cèpes", grinste sie.
"Aimes-tu les crêpes aux cèpes?", erkundigte sich Françoise leicht erstaunt.
Linda schüttelte den Kopf und verzog angeekelt das Gesicht. "Beurk! J'adore les crêpes, mais je déteste les cèpes!"
"Pas de problème!"
Man konnte bereits riechen, dass sie sich in der Nähe einer Crêperie befanden.
"Quelles crêpes avez-vous choisies?", fragte Françoise, als sie ihre Bestellung aufgab.
"Aucune idée." Max schaute auf die Karte und sein Blick verlor sich in dem riesengroßen Angebot an Crêpes. Süße, salzige – für jeden Geschmack gab es etwas.
"Moi, non plus", sagte Linda. Ihr lief das Wasser im Mund zusammen. Crêpes au sucre, crêpes au miel, crêpes au nutella.
"D'accord, j'ai compris", machte Françoise kurzen

---

extraordinaires außergewöhnlich gut

Prozess, denn die Schlange hinter ihnen wurde immer länger. "Je vais choisir pour vous."

Auf dem Verdauungsspaziergang schlenderten sie durch die Straßen. Plötzlich blieben sie stehen und konnten nur noch staunen. Unmittelbar vor ihnen erhob sich der Eiffelturm. Er war unvorstellbar riesig. Und am Fuße des Eiffelturms sahen sie schon das Zelt der Modenschau und Teile des Laufstegs. Bühnenarbeiter waren mit dem Aufbau beschäftigt.
"**Il nous reste** encore **presqu**'une heure. **Montons là-haut**", schlug Françoise vor. "Venez!" Sie wollte in Richtung Kassen eilen.
"**Tu sais quoi**", bremste Petra Landiges sie, "je veux monter à pied sur la **tour**. Le défilé ne m'intéresse plus, **j'ai donc tout mon temps**!"
"Es-tu sûre? À pied jusqu'au **sommet**?" Max konnte sich nicht vorstellen, dass seine Mutter die Treppen tatsächlich zu Fuß erklimmen wollte.
Auch Linda starrte ihre Mutter ungläubig an, legte den Kopf in den Nacken, blickte zur Spitze des riesi-

---

il nous reste wir haben noch
presque fast
montons là-haut lasst uns da hinauffahren
tu sais quoi weißt du was
tour Turm
j'ai donc tout mon temps ich habe also alle Zeit der Welt
sommet Spitze

gen Eiffelturms hoch und fragte: "Françoise, combien de **marches** y a-t-il?"
Françoise dachte nach. "Je ne suis pas sûre, environ mille six cents marches. **Je me renseignerai**."
So viele Stufen wollte ihre Mutter emporsteigen? Na dann, viel Spaß.
"Et vous, Linda? Max? Voulez-vous monter au deuxième étage en **ascenseur**", frage Françoise. "C'est très sympa, **je vous le recommande vivement**. On a une **vue splendide** sur toute la ville."
Petra Landiges kaufte sich eine große Flasche Wasser, wünschte der Cousine und den Kindern viel Vergnügen und begann ihren Aufstieg.
Die drei fuhren mit einem Lift hoch und immer höher. Auf der zweiten Plattform angekommen, bewegte sich Linda äußerst vorsichtig. Die Luft kam ihr dünner vor als unten, ein leises Windchen wehte und die Aussicht war der helle Wahnsinn. Als sie mal wieder nach unten schaute, glaubte sie die Limousine von Charles Lafringue zu erkennen. Also fuhren sie mit dem nächsten Lift hinunter. Françoise schien zwar ein bisschen enttäuscht zu sein, doch Linda wollte nichts von der Modenschau verpassen.

---

marches Stufen
je me renseignerai ich werde mich erkundigen
ascenceur Fahrstuhl
je vous le recommande vivement ich empfehle es euch sehr
vue splendide wunderbaren Ausblick

Chaos unterm Eiffelturm

Die Modenschau von Charles Lafringue war nie so gut besucht wie an diesem Tag. Der Platz war brechend voll, die Menschen drängten nach vorn und versuchten, noch einen Sitzplatz auf einer der Bänke zu ergattern. Nur mit Mühe konnten Françoise, Linda und Max sich einen Weg durch die Menge bahnen. Linda wurde ganz nervös. Max zog sie an der Hand und Françoise schob die beiden sanft voran. Endlich hatten sie den Zelteingang erreicht – und fielen fast den Bodyguards in die Arme.

"Pardon, Madame", sagte einer von ihnen trocken. "Avez-vous le droit d'**entrer** ici?"

Françoise zeigte ihm ihren Presseausweis und fragte nach Jean-Jacques. Einer der Männer verschwand im Zelt und tauchte mit Jean-Jacques wieder auf.

Der wirkte äußerst gestresst. "Il y a **beaucoup de monde** aujourd'hui! Vite! Entrez!"

Sie schlüpften erleichtert ins Zelt. Die Models standen schon bereit und Charles Lafringue wurde für seine Ansage gepudert. Sie waren gerade rechtzeitig gekommen.

Der Modemacher winkte sie zu sich. "Il y a la police.

---

entrer hereinkommen
beaucoup de monde viele Leute

Vous savez, ces **vols** me **ruinent**! J'ai appelé mon assurance! Les **policiers** sont **en civil**, personne ne **doit** rien savoir! Je ne veux plus de vols!"
Linda und Max sahen sich fragend an: die Versicherung? Sollte er tatsächlich alles selber eingefädelt haben, um Geld von der Versicherung zu bekommen?
Nun ging alles auf Start, die Models stellten sich hinter Charles Lafringue in der Reihenfolge ihres Auftretens auf. Linda entdeckte Catherine und lächelte ihr zu. Das Model lächelte scheu zurück. Ein kleiner Sieg, dachte Linda und freute sich. Sie wollte sich während der Show neben Catherines Schminkplatz setzen und versuchen, mit ihr ins Gespräch zu kommen.
Lindas Blick schweifte durch das Zelt und blieb an der Putzfrau Marie hängen, die sie schon eine ganze Weile zu beobachten schien, doch als Linda sie ansah, schaute sie weg. "**Bizarre**", murmelte Linda, "une personne bizarre, un **comportement** bizarre".
Während die ersten Models das Zelt verließen und draußen Applaus hörbar wurde, ging Linda zu Cathe-

vols Diebstähle
ruinent ruinieren
policiers Polizisten
en civil in Zivilkleidung
doit soll
bizarre merkwürdig
comportement Verhalten

rines kleinem Schminktisch. Die Visagistin und der Hairstylist unterhielten sich gerade, als Linda sich näherte.
“Je voudrais connaître Catherine un peu mieux. Je peux attendre ici avec vous?”
“Pas de problème. Mais, d'habitude, elle ne parle pas beaucoup“, antwortete die ältere Visagistin freundlich.
“**Elle n'est pas bien** aujourd'hui”, fügte der Hairstylist hinzu.
“Elle n'est pas bien **la plupart du temps**, elle a toujours besoin d'**air frais**”, klagte die Visagistin.
Die beiden wirkten so, als ob sie sich Sorgen machten. Warum wohl? Was war mit Catherine los? Während Linda überlegte, sah sie die Putzfrau Marie am Hintereingang des Zelts stehen und hinausschauen.
Dann kam Catherine mit ein paar anderen Mädchen von ihrem ersten Auftritt zurück. Sie mussten sich rasend schnell umziehen. Catherine näherte sich ihrem Schminktisch und sah Linda dort auf sie warten.
Linda strahlte das zarte Model mit den Murmelaugen freundlich an. “Salut Catherine, puis-je t'accompagner aujourd'hui? As-tu besoin d'aide?”

---

elle n'est pas bien es geht ihr nicht gut
la plupart du temps meistens
air frais frische Luft

"D'accord, pourquoi pas." Catherine nickte beiläufig.
"Mange un peu", schlug die Visagistin jetzt vor und hielt Catherine einen Obstteller hin, die Garderobiere streifte ihr ein neues Kleid über, der Hairstylist befestigte ihr ein Tuch im Haar und flocht es in ihre lange Mähne.
"Plus tard", meinte Catherine.
"Aimes-tu les fruits?" Etwas Besseres fiel Linda gerade nicht ein.
Catherine zuckte die Achseln. "Je ne sais pas, je les mange sans **faire attention** au **goût**."
"Moi, j'adore la **cuisine française**", schwärmte Linda. Catherine verzog das Gesicht. Dann musste sie schon wieder auf den Laufsteg.

Im Zelt ging es wie immer unglaublich geschäftig zu. Charles Lafringue saß in einem Sessel und fächelte sich frische Luft zu. Max stand in seiner Nähe und schien etwas zu beobachten. Linda sah in die Richtung, in die er zu starren schien. Und dann sah sie wieder die Putzfrau. Sie hatte eine Tüte in der Hand.
Plötzlich ertönte draußen Geschrei, einer der Body-

---

faire attention (à) achten (auf)
goût Geschmack
cuisine française französische Küche

guards kam hereingerannt. “Appelez un medecin! Vite!”
Linda rannte zum Zeltausgang. Eins der Models war offenbar zusammengebrochen.
“C’est Catherine, **tout d’un coup elle s’est évanouie**”, rief jemand. Catherine? Linda drängelte sich zum Laufsteg vor, kletterte hinauf und schob sich zwischen die Leute, die sich über das Mädchen beugten. Catherine war gerade wieder zu sich gekommen.
Als sie Linda erblickte, lächelte sie. “Aide-moi, s’il te plaît”, flüstere sie.
Linda nickte. “**Promis!** Je ferai tout pour te **soutenir**”, antwortete sie.
In der Ferne hörten sie die Sirene eines Krankenwagens.
“**Tu ne me laisseras pas seule**, n’est-ce pas?” Catherines Blick flehte sie geradezu an.
Linda schüttelte den Klopf. “Non, je resterai avec toi.” Catherine seufzte erleichtert und schloss die Augen. Jean-Jacques tätschelte ihre Wange und rief: “**Ne t’endors pas**, ouvre les yeux!”

---

tout d’un coup plötzlich
elle s’est évanouie ist sie bewusstlos geworden
promis versprochen
soutenir beistehen
tu ne me laisseras pas seule du lässt mich nicht allein
ne t’endors pas schlaf’ nicht ein

Linda sah auf und schaute direkt in das Gesicht der Putzfrau.
"Elle ne mange rien", sagte die Putzfrau ruhig, "et elle travaille trop pour son âge. Elle est **certainement** malade. Il faut l'aider."
Linda nickte nur. Aber in ihr rasten die Gedanken. Was war mit den Diebstählen? Hatte Catherine vielleicht etwas damit zu tun? War der Zusammenbruch nur vorgetäuscht? Steckte sie mit der Putzfrau unter einer Decke? Oder mit Jean-Jacques?

Der Krankenwagen fuhr vor und Catherine wurde auf eine Trage gelegt. Linda wich nicht von ihrer Seite. Wo war Max? Sie musste ihn doch wissen lassen, dass sie nun in ein Krankenhaus irgendwo in dieser großen Stadt fahren würde. "Françoise! Max!", brüllte sie aus Leibeskräften in die Menge hinein.
"Je vais les chercher", rief Jean-Jacques und verschwand, um kurz darauf – sie stieg gerade in den Krankenwagen – mit Françoise wieder aufzutauchen.
"Allume ton portable", erklärte Françoise, notierte Lindas Handynummer und kramte in ihrer Tasche. "Prends cet argent! Et, tiens, prends ma **carte de visite** aussi!" Sie reichte ihr eine Visitenkarte und einen

certainement sicherlich
carte de visite Visitenkarte

Fünfzig-Euro-Schein. "Prends un taxi, **peu importe où** tu seras, et appelle-moi avant de **repartir** pour savoir si nous sommes toujours ici, d'accord?!"
Linda nickte und wurde in den Krankenwagen gezogen.
"Es-tu son **amie**?", wollte ein Sanitäter wissen.
Linda sah in das verängstigte Gesicht von Catherine.
"Oui, je suis son amie."
"Bon, on peut y aller alors", kommandierte der Mann den Fahrer. Und mit Sirene ging die Fahrt los.
Linda nahm Catherines Hand. "**Pas la peine d'avoir peur! Tout ira bien**", versprach sie ihr. Aber auch sie hatte Angst.

---

peu importe où egal wo
repartir wieder wegfahren
amie Freundin
Pas la peine d'avoir peur! Du brauchst keine Angst zu haben!
tout ira bien alles wird gutgehen

Wo ist das Top aus der neuen Kollektion?

Max bekam von all dem nicht viel mit. Im Zelt herrschte ein solches Chaos, dass er die Übersicht verlor. Er hatte unbedingt darauf achten wollen, ob irgendjemand etwas entwendete. Aber das gestaltete sich im Tumult äußerst schwierig. Alle liefen durcheinander. Zwei Models fingen vor lauter Stress zu weinen an. Nur Mireille blieb ganz ruhig. Wie ein Pfau stolzierte sie im Zelt herum. Plötzlich erregte Max ihre Aufmerksamkeit und sie schoss auf ihn los.

"Et toi? Qui es-tu?"

"Mais ... nous nous connaissons déjà", erwiderte Max erstaunt. "Je m'appelle Max et je viens d'Allemagne. Je suis un ami à Françoise qui..." Was sollte diese Frage, was war nur in sie gefahren?!

"Où es ta sœur?" Mireille musterte ihn kritisch.

Max atmete tief durch. Von dieser Ziege wollte er sich nicht beirren lassen!

"Elle est dehors et aide Catherine", erklärte er gelassen.

Mireille sagte beiläufig: "Peut-être que c'est toi qui as volé les vêtements et que ta sœur les cache maintenant."

Max riss entsetzt die Augen auf und schüttelte ener-

gisch den Kopf. "**Quelle sottise!**", empörte er sich. "**Je m'en moque des fringues!**"
Mireille musterte ihn wie einen Käfer unter dem Mikroskop. Was für eine unangenehme Person, dachte Max und wollte verschwinden.
"Qui sait, tu veux peut-être les vendre en Allemagne?" Mireille sprach jetzt besonders laut, vielleicht weil soeben Charles Lafringue vorbeieilte, gefolgt von seinen Bodyguards.
Aber er hörte sie nicht. Sein Gesicht war rot angelaufen. Er rief: "Qu'est-ce qui se passe? Qu'est-ce qui ne va pas avec Catherine? Nous devons appeler sa maman! **Vous autres**, **retournez** au défilé! Allez les filles, les garçons, **pas de panique**, **continuez**!"
Er scheuchte alle an ihre Arbeit, die Show sollte ohne weitere Unterbrechung weitergehen. Jean-Jacques holte in der Zwischenzeit die Models zurück, die noch draußen herumstanden. Und bald lief alles weiter, als ob nichts geschehen wäre.
Max vermisste plötzlich Linda und Françoise, er wusste nicht, dass seine Schwester Catherine ins

---

Quelle sottise! So ein Quatsch!
Je m'en moque des fringues! Ich mache mir nichts aus Klamotten!
vous autres ihr anderen
retournez geht zurück
pas de panique keine Panik
continuez macht weiter

Krankenhaus begleitete. Seine Augen suchten immer wieder das Zelt ab. Dabei sah er unvermittelt die Putzfrau, die am hinteren Ausgang stand, während alle vorn auf die Auftritte konzentriert waren. Sie hatte eine Plastiktüte in der Hand und reichte sie einem jungen Mädchen durch den Hinterausgang aus dem Zelt hinaus.

Jetzt war für Max alles klar: Falls auch heute wieder etwas verschwinden sollte, wusste er, wer die Täterin war. Sein Herz raste vor Aufregung! Er hatte die Diebin auf frischer Tat ertappt!

Aber Halt, dachte er, die Tüte mit dem Inhalt war ja jetzt weg, er konnte nichts beweisen! Oder? Wie sollte er das anstellen?

Endlich tauchte Françoise auf und sagte: "Max, écoute, Linda est à l'hôpital avec Catherine, et moi, **j'essaie** d'appeler ta maman sur son portable, d'accord? Veux-tu bien rester ici et attendre?"

Und dann, ganz am Ende der Modenschau, fehlte doch wieder ein teures Designerstück. Diesmal war es ein knallrotes Satintop! Wie hatte das passieren können? Charles Lafringue war außer sich und beschimpfte zuerst die Bodyguards, dann ein paar Polizisten in Zivil.

---

j'essaie ich versuche

“Pourquoi êtes-vous ici?!”, schrie er. “**Vous ne servez à rien!**“

Die Männer schauten sich ratlos an, der Modemacher schäumte vor Wut. “Personne ne quitte ce lieu! Quelqu’un veut me ruiner!” Charles Lafringue rannte hin und her wie ein Tiger im Käfig.

Mireille trat zu ihm. “Monsieur?”

“Oh, s’il te plaît Mireille, **laisse-moi tranquille** maintenant!”

“Mais je connais peut-être la personne qui est responsable de tout cela”, säuselte sie mit einem Lächeln.

Max stockte der Atem. Würde sie nun *ihn* als Verdächtigen nennen? Oder hatte auch sie die Putzfrau beobachtet?

Der Modezar starrte sie an. “Alors? Dis ce que tu sais!”

Mireille zierte sich ein bißchen und Max spürte sein Blut in den Schläfen pochen. Aber sie zauberte ein ganz anderes Ass aus dem Ärmel. “Catherine.”

Lafringue riss die Augen auf. “Catherine?” Er wandte sich abrupt ab. “Es-tu **folle**? Catherine ne me ferait jamais ça! Et d’ailleurs, elle est malade, malade, tu comprends?”

Mireille aber hielt ihn am Arm fest. “Je sais que vous

Vous ne servez à rien! Ihr seid zu nichts nütze!
laisse-moi tranquille lass’ mich in Ruhe
folle verrückt

l'aimez beaucoup. Mais peut-être **abuse-t-elle de vous**? Je sais aussi que sa maman a besoin d'argent. Et c'est **pour cette raison** qu'elle vole! Je pense que son **évanouissement** n'était que **du cinéma**." Dann rief sie in die Runde: "Quelqu'un a-t-il regardé dans son sac?"
Mittlerweile umringten mehrere Models und Mitarbeiter die beiden. Auch die Praktikantinnen und die drei Jungen, die Max vorgestern belauscht hatte, eilten herbei. Eine der jungen Frauen rief: "C'est impossible. Elle est vraiment malade, c'est tout!"
"Mais **c'est vrai** qu'elle a toujours un comportement bizarre", erwiderte einer der Jungen.

"Je suis sûr que ce n'est pas elle!", rief Max dazwischen und alle Blicke richteten sich schlagartig auf ihn.
Mireille kniff ihre Augen zusammen. Sie sah ihn mit einem so drohenden Blick an, dass Max zu schwanken glaubte. Jetzt würde sie ihn bestimmt beschuldigen.
Er versuchte eine Flucht nach vorn und kam ihr zuvor. "Ce n'est pas Catherine, j'en suis **persuadé**. Elle

---

abuse-t-elle de vous betrügt sie Sie
pour cette raison aus diesem Grund
évanouissement Ohnmachtsanfall
du cinéma gespielt
c'est vrai es ist wahr
persuadé überzeugt

n'est pas une **voleuse**! Je pense **même** que son sac est resté ici, **jugez par vous-mêmes**."
"Voilà notre petit **détective** allemand", provozierte ihn Mireille böse, und einige kicherten. "Dis, comment fais-tu pour savoir si quelqu'un est un voleur ou non?" Sie lachte. "Et si c'était toi?"
Charles Lafringue wischte sich wieder den Schweiß von der Stirn. "**Ça suffit,** Mireille! Ouvrez vos sacs pour la police, et Jean-Jacques, s'il te plaît, **occupe-toi** des **affaires** de Catherine. **Oust!**" Er scheuchte alle weg und sie liefen in die verschiedensten Richtungen. Mireille maulte: "**Vous faites confiance** à la **mauvaise personne**!", und spazierte beleidigt davon.

In diesem Moment kam eines der drei männlichen Models mit breitem Grinsen auf ihn zu.
"Salut", begrüßte er Max freundlich. "**Quel cinéma**,

---

voleuse Diebin
même sogar
jugez par vous-mêmes überzeugt euch selbst
détective Detektiv
ça suffit jetzt ist es aber genug
occupe-toi (de) kümmere dich (um)
affaires Sachen
Oust! Raus!
vous faites confiance Sie vertrauen
mauvaise personne falschen Person
quel cinéma was für ein Theater

franchement ... Pardon, j'ai oublié de me présenter. Je m'appelle Antoine."
"Moi, c'est Max. Salut!" Max war auch der Meinung, dass viel zu viel Aufhebens gemacht wurde.
"Dis-moi, qu'est-ce qui est écrit sur ton t-shirt? Borüschia Dortmünd?"
Max musste lachen. "Borussia Dortmund", korrigierte er die deutsche Aussprache des jungen Franzosen. "Un **club de foot** en Allemagne. Tu ne le connais pas? Ce sont eux qui **se disputent** toujours avec le FC Schalke 04."
"Tiens, c'est **rigolo**, en France, c'est le **PSG** et l'**OM** qui **se bagarrent tout le temps**."
Die beiden jungen Fußballfans lachten herzhaft. "**On en reparlera plus tard**. Je dois y aller. Salut!"
Max sah ihm nach und freute sich, unter all den Mädchen auf einen Jungen gestoßen zu sein, der dieselben Interessen zu haben schien wie er. Langsam fühlte er sich schon fast wie zu Hause, der erste Freund war in

---

franchement ehrlich gesagt
club de foot Fußballverein
se disputent sich streiten
rigolo witzig
PSG Paris Saint-Germain (Fußballverein in Paris)
OM Olympique de Marseille (Fußballverein in Marseille)
se bagarrent sich prügeln
tout le temps ständig
on en reparlera plus tard wir reden später weiter

Sicht! Dann fiel ihm schlagartig wieder Catherine ein.
Jean-Jacques war inzwischen an Catherines Tisch und schaute in ihre Tasche. Er steckte seine Hand hinein und wühlte darin herum, dann stutzte er. Max wurde unruhig. Und dann zog Jean-Jacques tatsächlich das vermisste Satintop aus Catherines Tasche. Langsam, ganz langsam. Und allen stockte der Atem.
Max' Blick fiel auf die Putzfrau, die gerade ihren Kittel auszog, ihn faltete, in ihre Tasche schob und zum Hauptausgang ging. Dort ließ sie sich von den Polizisten durchsuchen und verließ das Zelt. Max war völlig verwirrt. Sollte er sich wirklich so in Catherine getäuscht haben? War ihr Anfall tatsächlich nur vorgetäuscht gewesen? Aber welchen Sinn machte das? Sollte sie plötzlich Angst vor der Polizei bekommen haben? Hier stimmte etwas ganz und gar nicht!
Max beschloss, der Putzfrau zu folgen. Sie musste irgendetwas mit der Sache zu tun haben! Seine Hände durchsuchten die Hosentaschen nach Geld, zwanzig Euro und etwas Kleingeld fand er darin. Glücklicherweise ist die Währung hier die gleiche wie in Deutschland, dachte er, tastete nach seinem Handy und dem kleinen Wörterbuch. Mit diesen Sachen fühlte er sich sicher genug. Max lief los.
Am Ausgang hielt er Ausschau nach Françoise, aber sie schien spurlos verschwunden zu sein. Und dann sah er Marie, die Putzfrau, in aller Seelenruhe über

den Platz und die Straße entlang spazieren. "Jetzt oder nie", dachte Max und rannte hinter ihr her.
Während er davoneilte, entdeckte ihn Françoise, die immer noch versuchte, ihre Cousine per Handy zu erreichen. "Max!", rief sie ihm hinterher. Aber da war er schon zu weit weg.

Allein in Paris

Linda saß am Bett von Catherine. Schwach lächelte sie Linda an und flüsterte: "Merci beaucoup".
"**Il n'y a pas de quoi.**" Linda hielt die Hand des Mädchens. Was für eine zarte Hand, und so dünne Ärmchen! Linda musste einfach ihren Verdacht loswerden. "Catherine, dis-moi, est-ce que tu manges **régulièrement**? Ne serais-tu pas **anorexique par hasard**?"
Catherines Augen füllten sich mit Tränen, dann drehte sie ihren Kopf weg und schaute aus dem Fenster.
"**Ne pose pas de questions**", wisperte sie.
Das war mehr als eine Antwort, dachte Linda.
In dem Moment wurde die Tür nach einem kurzen, energischen Klopfen aufgerissen und eine elegant gekleidete, hübsche, zierliche Frau stürzte herein. "Catherine, **mon cœur**, qu'est-ce qui s'est passé?"
Dann erst nahm die Frau Linda wahr. "Qui est cette fille?", fragte sie vorwurfsvoll.
Linda antwortete: "Je suis Linda, je viens d'Allemagne. Catherine s'est évanouie et …"

---

il n'y a pas de quoi keine Ursache
régulièrement regelmäßig
anorexique magersüchtig
par hasard zufälligerweise
ne pose pas de question stell' keine Fragen
mon cœur mein Herz

Irgendwas in Catherines Blick bremste sie.
Die Frau schaute irritiert von einem Mädchen zum anderen. "**Et alors?**", hakte sie ungeduldig nach.
"... j'ai décidé de l'accompagner", antwortete Linda. Nein, dieser Frau würde sie nicht anvertrauen, dass Catherine sie inständig darum gebeten hatte, sie nicht allein zu lassen. Überhaupt, wer war diese Frau?
"Je suis la maman de Catherine. Je peux m'occuper d'elle maintenant. Cela **arrive parfois**, **j'y suis habituée**. Tu peux y aller." Die Mutter starrte Linda auffordernd an. Aber hinter ihr sah Linda, dass Catherine wild ihren Kopf schüttelte. Es sah nicht so aus, als ob sie mit ihrer Mutter allein bleiben wollte. Linda wurde etwas zappelig. Was sollte sie nur sagen? Dieser fremden Mutter widersprechen?
"Je suis son amie", sagte Linda schließlich. "**Je me fais du souci** pour elle! Je vais sortir un moment et demander **combien de temps** elle doit rester ici. **Après je reviendrai**."
Ohne einen Kommentar abzuwarten, eilte sie zur Tür hinaus.

Et alors? Und dann?
arrive parfois kommt manchmal vor
j'y suis habituée ich bin daran gewöhnt
je me fais du souci (pour) ich mache mir Sorgen (um)
combien de temps wie lange
après danach
je reviendrai komme ich wieder

Max versuchte, die Putzfrau im Blick zu behalten. Sie ging zur Metro. So schnell er konnte, kaufte er eine Fahrkarte und eilte hinter ihr her. Sie durfte ihn auf keinen Fall sehen, denn sie würde ihn sofort erkennen und wüsste augenblicklich, dass er sie verfolgte. Er zog also die Kapuze seines T-Shirts über den Kopf.

Nach ungefähr einer halben Stunde verließ sie die Metro und ging die Treppen hoch. Max hatte keine Ahnung, wo sie waren. Belleville hieß die Station, das musste er sich merken. Hier sah es ganz anders aus als in den Pariser Vierteln, die er bisher gesehen hatte. Menschen aus allen Teilen der Erde schienen sich hier versammelt zu haben, fliegende Händler hockten am Straßenrand. Zwei graue Katzen sprangen gerade aus einem Mülleimer. Max folgte der Putzfrau, die mit langen Schritten davoneilte. Die Straßen wurden zu engen Gassen und stiegen steil an, die Wohnhäuser sahen teilweise baufällig aus, streunende Katzen und Hunde liefen ihm über den Weg. Max wurde ängstlich. Wie sollte er hier jemals wieder herausfinden? Durch verwinkelte Gäßchen ging es immer höher hinauf, bis Marie vor einem alten Haus stehenblieb. Sie zog einen Schlüsselbund hervor, schloss auf und verschwand im Hauseingang.

Max stand atemlos vor dem Haus. Und jetzt? Was sollte er tun? Er beschloss, erst mal seiner Mutter eine SMS zu schicken.

Linda sprach Max auf die Mailbox.
"Bin bei Catherine im Krankenhaus, keine Ahnung, wo das ist. Melde mich später wieder."
Sie sah sich um. Krankenschwestern liefen durch den Gang.
"Excusez-moi", fragte Linda eine von ihnen. "Je suis **allemande**, pourriez-vous me donner un **renseignement**, s'il vous plaît?"
Die Schwester nickte freundlich. "Que puis-je faire pour toi?"
"Quel est le nom de cet hôpital? Et dans quel **arrondissement** de Paris se trouve-t-il? Comment puis-je retourner à la **tour Eiffel**?"

"Ce n'est pas difficile. Tu es à l'hôpital Hôtel Dieu dans le quatrième arrondissement. Pour aller à la tour Eiffel tu vas à la **station de métro** Saint Michel, tu prends la **ligne 4 direction** Porte de Clignancourt. À la station Strasbourg-St. Denis **tu changes** de métro et tu prends la ligne 9 direction Pont de Sèvres,

---

allemande Deutsche
renseignement Auskunft
arrondissement Stadtbezirk
tour Eiffel Eiffelturm
station de métro Metrostation
ligne 4 Linie 4
direction Richtung
tu changes wechselst du

après **tu descends** à Trocadéro. Là, tu ne peux pas **rater** la tour Eiffel, tu verras."
"Merci. Et combien de temps Catherine doit-t-elle rester ici à l'hôpital?", wollte Linda außerdem wissen.
"Je ne sais pas, elle pourra peut-être **quitter l'hôpital** demain", war die freundliche Antwort der Krankenschwester.
Linda bedankte sich und wollte zurück ins Krankenzimmer. Aber da wurde die Tür zu Catherines Zimmer aufgerissen und die Mutter stürmte heraus. Hinter ihr knallte die Tür ins Schloss. Linda eilte zu ihr.
"Qui es-tu, je ne t'ai jamais vue avant. Vas-tu à **la même école** que Catherine? Tu as un **accent**, tu n'es pas française, n'est-ce pas?" fragte die Mutter.
"Non, je suis allemande", antwortete Linda. "Catherine et moi, **nous nous sommes connues il y a quelques jours**. Mais nous sommes déjà amies."
"**Elle n'a pas le temps** pour les amies", schnaubte

---

tu descends steigst du aus
rater verfehlen
quitter l'hôpital das Krankenhaus verlassen
la même école dieselbe Schule
accent Akzent
nous nous sommes connues wir haben uns kennen gelernt
il y a quelques jours vor einigen Tagen
elle n'a pas le temps sie hat keine Zeit

die Mutter. “Laisse-la seule maintenant. Elle ne va pas très bien.”
“C’est pour cette raison qu’elle a besoin d’une amie.” Überrascht sah die Frau Linda an. “**De toute façon**, elle doit dormir et **se reposer** maintenant. Tu pourras revenir demain.”
“D’accord, je vais **seulement** lui dire au revoir”, erklärte Linda und trat auf das Zimmer von Catherine zu.
“**Bonne soirée**, Madame”, sagte sie abschließend. Und während Catherines Mutter hoch erhobenen Hauptes den Gang entlang lief, schlüpfte Linda rasch wieder zurück in das Zimmer.

“Mist, Mailbox”, dachte Max. “Ruf mal an, ich bin unterwegs in Belleville, wo steckst du?”, sprach er Linda auf die Box. Da die Putzfrau seit ungefähr zwanzig Minuten im Haus vor ihm verschwunden war und er nicht weiter wusste, notierte er sich Straße und Hausnummer und machte sich auf den Rückweg. Auf jeden Fall bergab, dachte er. Vorsichtshalber fragte er immer mal wieder jemanden.

---

de toute façon jedenfalls
se reposer sich ausruhen
seulement nur
bonne soirée einen schönen Abend

"Excusez-moi, pourriez-vous m'**indiquer le chemin** pour aller à la station de métro, s'il vous plaît?" Endlich erblickte er den Eingang der Metro. Froh, dass er sein Ziel erreicht hatte, hüpfte er die Treppen hinunter und studierte den Metro-Plan. Er konnte keine Station namens Tour Eiffel entdecken.

Als ein junges Mädchen an ihm vorbeilief, fragte er: "Excuse-moi, pour aller à la tour Eiffel?" Er schaute sie an und irgendwie kam sie ihm bekannt vor. Aber woher?

Sie hielt inne und tippte mit dem Finger auf den Metro-Plan. "Tiens regarde, tu prends la ligne 2 direction Porte Dauphine, tu descends à Charles de Gaulle Étoile. Là, tu prends la ligne 6 direction Nation et tu descends à la station Bir Hakeim, d'accord?" Sie sah ihn an und grinste.

"M'as-tu compris? D'où viens-tu?"

"Oui, oui, j'ai compris ce que tu as dit. Je viens d'Allemagne."

Max fischte in seiner Hosentasche nach Geld.

Das Mädchen nickte. "C'est un beau **pays** l'Allemagne, n'est-ce pas? **Malheureusement**, je n'y suis jamais allée. Excuse-moi, mais j'ai rendez-vous avec maman.

---

indiquer le chemin den Weg weisen
pays Land
malheureusement leider

Je suis déjà **en retard.** Au revoir, Monsieur Allemagne!" Dann verschwand sie.

Linda saß auf Catherines Bett und hörte einfach nur zu.
"Je n'ai pas d'amis du tout. Tu sais, maman a toujours voulu faire de moi un mannequin célèbre. '**Travaille dur** et **pense à ton avenir**', 'ne perds pas de temps', '**on n'a rien sans peine**', c'est ce qu'elle me dit tout le temps. **Devine** ce qu'on mange à la maison?"
Linda schüttelte den Kopf. "Aucune idée. Pas beaucoup, je pense."
Catherine verzog angewidert das Gesicht. "Des **pamplemousses**, des pamplemousses et encore des pamplemousses. Et des oranges et des ananas, et deux pommes par jour. Pas de pain, pas de pizza, pas de pâtes ..."
"... pas de **plaisir**", ergänzte Linda intuitiv und seufzte. "**Quel horreur!**"

---

en retard spät dran
travaille dur arbeite hart
pense à ton avenir denk' an deine Zukunft
on n'a rien sans peine ohne Fleiß keinen Preis
devine rate mal
pamplemousses Pampelmusen
plaisir Freude
Quel horreur! Wie schrecklich!

Catherine sah traurig aus und nickte. "Ma pauvre maman ne sait pas ce qu'est le plaisir."
"Et pourquoi?" Wie kann man nur so leben? Immer nur arbeiten, keine Freude, keine Freunde. Schrecklich! Catherine zuckte ihre mageren Schultern. "Je ne sais pas. Elle était mannequin elle aussi. Peut-être veut-elle que je continue à sa place ..."
"Mais pourquoi n'as-tu pas d'amis? Tu es si gentille", bemerkte Linda.
Catherine lächelte Linda dankbar an. "Tu sais, Monsieur Lafringue m'aime beaucoup, donc la plupart des autres mannequins sont **jaloux**."
Das hatte Linda in der Tat auch bemerkt. Linda schaute nachdenklich an Catherine vorbei zum Fenster hinaus. Wie einsam musste so ein Leben sein, das war ja nicht auszuhalten. Plötzlich wurde ihr bewusst, dass es schon spät war.
"**Il va faire nuit**! Je dois y aller **tout de suite**!"
Linda zog ihr Handy aus der Tasche und schaltete es wieder ein. Es klopfte an der Tür, eine Krankenschwester trat ein. Das Handy klingelte. Die Schwester warf Linda einen bösen Blick zu.
"Les portables sont **interdits** ici!", sagte sie und küm-

jaloux eifersüchtig
il va faire nuit es wird langsam dunkel
tout de suite sofort
interdits verboten

merte sich um Catherine. Sie hatte eine Schale mit einem schleimigen Grießbrei mitgebracht.
"Pardon, mais je suis sûre que maman me cherche", entschuldigte sich Linda. Die Krankenschwester zuckte mit den Schultern und ließ sie gewähren.
"Tu dois me promettre de manger cette **semoule**", sagte sie zu Catherine, während Linda am Handy antwortete. Es war Françoise.
"Linda, où es-tu?" Sie klang ziemlich beunruhigt.
"**Toujours** à l'hôpital."
"Je t'attends à la tour Eiffel. As-tu une idée où est Max?"
"Max? Non! Pourquoi? Il n'est pas avec toi?"
"Je ne le trouve pas. Et ta maman est toujours sur la tour Eiffel. Ecoute-moi. Prends un taxi et reviens vite! D'accord?"
"D'accord, j'arrive."
Kaum hatte Linda auf die Stoptaste gedrückt, klingelte ihr Handy erneut. Die Schwester räusperte sich laut.
"Après **tu l'éteins**", sagte sie. Linda nickte. Sie verabschiedete sich von Catherine.
"Je reviendrai demain matin", versprach sie zum Abschied.

---

semoule Grießbrei
toujours immer noch
tu l'éteins schaltest du es aus

Max war unglaublich stolz, als er die Metro-Treppe hinauflief und den Eiffelturm sah. Das Zelt war bereits abgebaut, der Laufsteg ebenfalls, es wurde langsam dunkel.

Dann erblickte er Françoise, die mit weit ausgestreckten Armen auf ihn zugerannt kam.

"Te voilà! Je me suis faite du souci! Pourquoi es-tu parti sans rien dire?"

"Je n'ai pas ton **numéro de portable**. J'ai essayé d'appeler maman et Linda."

"**À propos**, où est-elle, ta maman? Est-elle toujours **là-haut**?", rief Françoise mit einem verzweifelten Blick zur Turmspitze.

"Non, je suis ici!"

Max und Françoise erschraken fast zu Tode, als die Stimme von Petra Landiges hinter ihnen ertönte. "Je suis montée tout là-haut", strahlte sie. "C'était magnifique. **Quelle vue!** Mais maintenant, j'ai vraiment faim et **soif**! Où allons-nous **dîner**? Où est Linda?"

In diesem Augenblick fuhr das Taxi vor. Mit irritiertem Blick sah Petra Landiges ihre Tochter aussteigen.

---

numéro de portable Handynummer
à propos apropos
là-haut dort oben
Quelle vue! Was für ein Ausblick!
soif Durst
dîner zu Abend essen

Natalie

"**J'ai mal aux pieds**", jammerte Petra Landiges, als sie sich alle zusammen in das Taxi gequetscht hatten.
"Ce n'est pas **surprenant**", kommentierte Françoise. "Tu oublieras la **douleur** après une bonne douche à la maison. Ensuite, je vous emmènerai au Fouquet's, une **brasserie de luxe**."
Linda und Max hatten keine Augen für die Champs-Elysées, die viele für die schönste Straße der Welt halten. Sie fuhren an den edelsten Läden, Parfümerien und Modegeschäften, an Theatern und Kinos vorbei, doch Max und Linda konnten kaum erwarten, von ihren Erlebnissen zu berichten. Und sowohl Françoise als auch Petra Landiges vergaßen alles um sie herum, als sie den Erlebnissen lauschten.
"**Finalement**, qui est le voleur?", wollte Petra Landiges schließlich wissen.
"Pensez-vous que c'est Catherine? C'est peut-être sa maman qui veut qu'elle vole", vermutete Françoise.
Linda schüttelte den Kopf. "Impossible. Je pense plutôt que c'est Marie, la **femme de ménage**."

---

j'ai mal aux pieds mir tun die Füße weh
surprenant verwunderlich
douleur Schmerz
brasserie de luxe Luxuslokal
finalement zu guter Letzt
femme de ménage Putzfrau

Max nickte. “Moi aussi. Je sais où elle habite, j’ai **noté** son adresse pour la retrouver.”
Max und Linda sahen sich an. Ohne Worte waren sie sich einig, Belleville am folgenden Tag einen Besuch abzustatten.
Françoise musste am nächsten Morgen in ihren Verlag. Mit einem Stadtplan ausgerüstet, zogen Linda und Max los. Eigentlich wollte ihre Mutter mit, aber die Füße taten ihr noch immer weh.
“J’ai besoin d’une pause”, jammerte sie, legte die Beine hoch und schaltete den Fernseher ein. “Et vous, **gardez** vos portables allumés et faites attention à vous!”
Minou, Mimi und Minette freuten sich natürlich sehr darüber, dass sie heute nicht allein bleiben mussten. Sie kuschelten sich an Petra Landiges schmerzende Füße und schnurrten um die Wette.

Max fand den Weg erstaunlich schnell wieder. In Belleville angekommen, setzten sie sich in ein Bistro in der Nähe des Hauses, in dem die Putzfrau gestern verschwunden war, und warteten ab.
Der Kellner musterte sie kritisch. “**Qu’est-ce que je vous sers?**“

---

noté aufgeschrieben
gardez behaltet
Qu’est-ce que je vous sers? Was bekommt Ihr?

BISTRO

"Je ne sais pas encore. Qu'est-ce que vous avez?", fragte Linda zurück.
"Voici notre carte."
Linda studierte die Getränkekarte.
"Deux **diabolos menthe**, s'il vous plaît", bestellte sie für Max gleich mit.
"Spätestens am Nachmittag muss sie ja herauskommen, sie arbeitet bestimmt bei der nächsten Modenschau wieder mit", hoffte Max.
"Wo findet die eigentlich heute statt?", erkundigte sich Linda.
"Beim Centre Pompidou, oder so ähnlich." Max sah auf den Zettel, den Françoise ihnen mitgegeben hatte.
Es dauerte nicht lange, da öffnete sich die Tür und die Frau trat aus dem Haus. Aufgeregt beobachteten Max und Linda, wie sie die Straße hinunterlief.
"Und jetzt?", fragte Linda. "Es macht doch keinen Sinn, ihr zu folgen, oder? Die Wohnung aufbrechen und durchsuchen können wir auch schlecht..."
Max musste zugeben, dass er auch keine Antwort wusste. Sie tranken ihre Minzlimonade aus und zahlten. Max zog Linda zu dem Haus und suchte die Klingeln. Es gab aber auch hier – wie fast überall in Paris – nur eine Tastatur für den Eingangscode. Daran hatte Max nicht gedacht.

---

diabolos menthe Minzlimonaden

Während sie so da standen, öffnete sich die Tür mit einem leisen Knarren und ein Mädchen schlüpfte heraus. Max war überrascht, es war das Mädchen, das ihm gestern an der Metro geholfen hatte.
"**Quelle surprise**!", rief er.
Das Mädchen stutzte einen Moment und grinste dann breit.
"N'as-tu pas trouvé la station de métro hier ou **m'as-tu suivie**? Quel est ton nom?"
Max wurde rot. "Je m'appelle Max. Mais non, je ne t'ai pas suivie, pas du tout."
"Et toi, qui es-tu?", fragte sie Linda.
Auch Linda stutzte. Sie kannte das Mädchen von irgendwoher.
"Je suis sa **sœur jumelle**. Je m'appelle Linda. Salut. Et toi, comment t'appelles-tu?"
"Je suis Natalie. J'ai 16 ans et j'habite ici – c'est **suffisant** comme information? Mais vous, que cherchez vous devant ma maison?"
Max und Linda sahen sich fragend an. "**À vrai dire** ...", begann Max.
"... Nous cherchons une dame **d'âge moyen**", fuhr

Quelle surprise! Was für eine Überraschung!
m'as-tu suivie bist du mir gefolgt
sœur jumelle Zwillingsschwester
suffisant ausreichend
à vrai dire eigentlich
d'âge moyen im mittleren Alter

Linda fort. “Elle a quitté cette maison, il y a cinq minutes”, sagte Max.
“Elle portait une robe verte à fleurs rouges”, ergänzte Linda.
Natalie grinste. “C’est exactement la **description** de ma mère! C’est drôle. **Qu’est-ce que vous lui voulez?**”
Da erinnerte sich Linda plötzlich, wo sie das Mädchen schon einmal gesehen hatte. Die Putzfrau hatte ihr eine Tüte überreicht. Vielleicht die Tüte mit dem Diebesgut?
“Ta maman? C’est toi qui es venue l’autre jour au défilé de mode prendre un sac?”, fragte sie.
Ob Natalie sich jetzt ertappt fühlen würde? Doch sie reagierte nicht besonders schockiert, verzog nur das Gesicht.
“Oui, pourquoi? Tous les jours je vais voir maman au défilé. D’ailleurs, c’est très **fatigant**. Maman **fait les courses le matin** et moi je dois les **récupérer**, car nous nous occupons d’un vieux monsieur. Je l’aide pendant que maman travaille aux défilés de mode. Nous avons besoin de cet argent.”
Linda schämte sich. Natalie und ihre Mutter sorgten

---

description Beschreibung
Qu’est-ce que vous lui voulez? Was wollt ihr von ihr?
fatigant anstrengend
fait les courses le matin geht morgens einkaufen
récupérer abholen

für einen alten Mann – und sie hatte sie für Diebinnen gehalten!
Natalie fragte noch einmal: "Mais qu'est-ce que vous voulez?"
Max druckste herum.
Dann erklärte Linda: "Écoute! Quelques vêtements très chers ont disparu pendant les défilés ..."
"Oui, maman m'en a parlé." Natalie hielt inne, starrte abwechselnd Linda und Max an, dann brach sie in schallendes Gelächter aus. "Je comprends! Vous pensez que nous sommes des voleuses, maman et moi! C'est **incroyable**! Si vous voulez, vous pouvez monter et **fouiller** notre appartement." Dann wurde sie schlagartig ernst. "Avez-vous parlé à quelqu'un de vos **suspicions**?"
Max und Linda schüttelten die Köpfe.
"Seulement à notre maman et à sa cousine", erklärte Max. "Mais elles ne veulent pas **se mêler** de cette histoire."
Natalie nickte erleichtert. "Allons boire quelque chose!"
Sie zog die beiden zurück in das Bistro, aus dem sie

incroyable unglaublich
fouiller durchsuchen
suspicions Verdächtigungen
se mêler (de) sich einmischen (in)

eben gekommen waren. Der Kellner kannte Natalie. "Natalie? Ce sont tes amis, ces jeunes gens?"
"Oui, Georges, ils sont sympas. Peux-tu nous **apporter** trois **oranginas**, s'il te plaît!"
Als der Kellner hinter seinem Tresen verschwunden war, flüsterte Natalie: "Maman sait qui c'est."
"Vraiment? Alors?", fragten Linda und Max wie aus einem Munde. Wieso wusste die Putzfrau, wer der Klamottendieb war, und wieso unternahm sie nichts?
Der Kellner brachte die Orangenlimonaden und verzog sich wieder.
"Désolée, mais moi, je ne le sais pas!", sagte Natalie. "Maman ne me l'a pas dit et elle ne veut pas s'en mêler non plus. Elle est comme ça. 'Ne te mêle pas des **affaires d'autrui**' – c'est ce qu'elle dit. Elle est contente d'avoir trouvé ce travail, vous savez?"
"Mais **ça ne peut pas continuer comme ça**! Pauvre Monsieur Lafringue", sagte Linda.
"Pauvre? Je ne crois pas, c'est un homme très très

---

apporter bringen
oranginas Orangenlimonaden
affaires d'autrui fremde Angelegenheiten
Ça ne peut pas continuer comme ça. Das kann so nicht weitergehen.

riche. Mais c'est du vol et donc un **crime**. Qu'est-ce que vous voulez faire?"
Sie schwiegen eine Weile und grübelten, aber niemand hatte eine zündende Idee.
Plötzlich fiel Linda ein, dass sie Catherine versprochen hatte, ins Krankenhaus zu kommen.
"Excusez-moi, quelle heure est-il, s'il vous plaît?", fragte sie den Kellner.
"Onze heures", erwiderte er mürrisch.
"Merci beaucoup!" Linda sprang auf. "Je suis vraiment désolée, mais je dois rendre visite à Catherine. Elle quitte peut-être l'hôpital aujourd'hui."
"Catherine? **Qui est-ce?**", wollte Natalie wissen.
"Catherine est un des mannequins, elle s'est évanouie hier", erklärte Linda und begann Geld für die Limonaden auf den Tisch zu zählen. "Je vous invite, il me reste encore assez de **sous**."
Auch Max stand auf. "Le **corsage** qu'on a volé hier", erklärte er, "a été retrouvé dans le sac de Catherine. Mais nous sommes sûrs que ce n'est pas elle!"
Natalie starrte sie ungläubig an. "Je peux vous accompagner?"
Die drei verließen eilig das Café und liefen in Rich-

---

riche reich
crime Verbrechen
Qui est-ce? Wer ist das?
sous Geld
corsage Top

tung Metro. "Maman m'a beaucoup parlé de cette fille", sagte Natalie. "C'est comme si je la connaissais déjà un peu."
Linda fröstelte trotz der Wärme des wunderschönen Sommertags. Sie musste an Catherine denken. "J'ai l'impression que sa maman l'**oblige** à **suivre un régime** et qu'elle n'a pas d'amis."
Catherine schloss gerade Freundschaft mit ihr, aber sie war doch nur noch ein paar Tage in Paris, was sollte dann werden?
"Il y a quelque chose qui ne va pas?", erkundigte sich Natalie und sah sie forschend an.
"Oui, mais ..." Linda beschloss, Natalie einzuweihen. "Promets-moi de ne pas en parler, d'accord?"
Natalie nickte und Linda fuhr fort. "J'aime bien Catherine, tu sais, et je pense qu'elle **me fait confiance**. Je pense qu'elle sera triste quand je ne serai plus là."
Natalie nickte. "Je comprends. Si tu veux, je m'occuperai d'elle. Je ne sais pas si nous pourrons devenir amies toutes les deux, mais ..."
Linda nickte. Die fröhliche und offene Art von Natalie würde Catherine sicher gut tun.

---

oblige zwingt
suivre un régime eine Diät zu machen
me fait confiance vertraut mir

Models und neue Freunde

Catherine ging es deutlich besser als am Tag zuvor. Sie saß auf dem Bettrand und futterte ein Croissant. Als die drei Freunde zur Tür hereinkamen, versteckte sie das Croissant schnell unter der Bettdecke.
"Je croyais que c'était maman", entschuldigte sie sich, zog es wieder hervor und biss gierig hinein. "Miam, que c'est bon!"
Sie war erstaunt über so viel Besuch und entsetzt, als sie hörte, dass man ein gestohlenes Top in ihrer Tasche gefunden hatte. Offenbar hatte es ihr noch niemand mitgeteilt.

"Ce n'est pas possible! Je vous promets que je n'ai pas **touché** à ce **truc**!" Sie war außer sich.
"Nous te croyons et c'est pour ça que nous aimerions faire quelque chose pour toi", versuchte Max sie zu beruhigen und lächelte ihr aufmunternd zu. Als sie zurücklächelte, errötete er leicht. Je mehr er sich darüber ärgerte, umso heißer wurde ihm. Catherine war einfach umwerfend schön. "Il faut **dresser un plan** pour **convaincre la bonne personne de vol**", sagte er bestimmt und hielt ihrem Blick stand.

---

touché angefasst
truc Ding
dresser un plan einen Plan aufstellen
convaincre la bonne personne de vol die richtige Person des Diebstahls zu überführen

Natalie lehnte sich an das Fensterbrett und stimmte ihm zu. "Bonne idée. Je vais essayer de persuader maman de nous dire ce qu'elle sait. Je suis sûre qu'elle nous aidera si elle sait que Catherine est **soupçonnée**!"
Catherine steckte sich das letzte Stück Croissant in den Mund. "Super! Je suis certaine qu'elle m'aidera. Elle est si gentille. Elle doit **s'en douter** que ce n'est pas moi." Dann lächelte sie wieder Max zu. Max lächelte zurück und staunte – er wurde fast gar nicht mehr rot!
Natalie schüttelte den Kopf. "Ce n'est pas si facile que ça. Elle ne veut pas être mêlée à cette histoire. Je ferai de mon mieux pour la persuader."
"Je suis vraiment **étonnée.** La police ne s'est pas encore **pointée** ici", wunderte sich Catherine auf einmal und erschrak. "**Je parie** qu'ils ont déjà **averti** maman! Oh non!"
Für einen Augenblick schien ihr der letze Bissen im Hals stecken geblieben zu sein. Dann schluckte sie ihn energisch hinunter und sprang vom Bett auf. "Vous savez quoi? On y va. Je ne veux pas être ici

---

soupçonnée verdächtigt
s'en douter vermuten
étonnée erstaunt
pointée aufgetaucht
je parie ich wette
averti benachrichtigt

quand elle arrivera! Je me sens bien, très bien, je vais parler à l'**infirmière**. Pouvez-vous m'attendre un **instant**?" Sie lief aus dem Zimmer.
"Il n'y a **aucun doute**. Nous devons prendre le voleur **en flagrant délit**, si possible", forderte Max.
Linda sah ihren Bruder an. "Et comment?"
Catherine kam bereits zurück und strahlte. "J'ai le droit de quitter l'hôpital. L'infirmière m'a même donné un deuxième croissant. Elle m'a **ordonné** de **profiter de la vie**. Elle a dit qu'elle le dira aussi à maman quand elle arrivera ici. Dépêchons-nous, partons!"
Allen voran eilte Catherine den Krankenhausgang entlang. Die Krankenschwester winkte ihr nach und rief: "Je ne veux plus te voir ici, m'as-tu compris?!"
Catherine lachte und rief zurück: "Très bien, j'ai très bien compris! Merci beaucoup pour tout!"

Sie verließen das Krankenhaus und eilten in Richtung Metro. Catherine wollte so schnell wie möglich Charles Lafringue anrufen, um ihm zu versichern, dass sie unschuldig sei.
"Et si c'était lui le voleur?", wandte Linda ein.

---

infirmière Krankenschwester
instant Moment
aucun doute keinen Zweifel
en flagrant délit auf frischer Tat
ordonné befohlen
profiter de la vie das Leben genießen

"Charles?! **N'importe quoi!**", rief Catherine aus. "Pourquoi veux-tu qu'il vole ses **propres** vêtements?"
Max zückte sein kleines Wörterbuch und las daraus vor: "**escroquerie à l'assurance**".
Ungläubig starrte Catherine ihn an. "**Tu plaisantes**! Cet homme es tellement riche, il n'en a pas besoin!"
Max zuckte entschuldigend die Achseln. "J'ai entendu des gens parler de lui." Sie hatte ja Recht, die Vorstellung war vollkommen verrückt.
"Les gens parlent beaucoup", schimpfte Catherine, drehte sich weg und tippte eine Nummer in ihr Handy.
"Charles, c'est toi? – C'est moi, Catherine – Oui, je me sens beaucoup mieux. Je voulais seulement te dire que ce n'est pas moi la voleuse. Me crois-tu? – D'accord, j'en étais sûre. Merci Charles – Oui, je serai là pour le défilé, ne te fais pas de soucis. **Je serai à l'heure**."
Catherine seufzte erleichtert. "Il n'y aura pas de problème avec lui. Mais il sera triste."
"Triste? Pourquoi?", hakte Linda nach, als sie durch die Straßen liefen.

N'importe quoi! So ein Unsinn!
propres eigenen
escroquerie à l'assurance Versicherungsbetrug
tu plaisantes das soll wohl ein Witz sein
je serai à l'heure ich werde pünktlich sein

"Car je ne travaillerai plus comme mannequin après ce défilé."
Alle bis auf Catherine blieben stehen. "Quoi?"
Sie begann zu hüpfen, die anderen eilten hinter ihr her. "Je commencerai à **gaspiller** mon temps! **Youpie**! Et je ne travaillerai plus, tant que je serai encore à l'école. Et je pense que je ne serai plus jamais mannequin! Je serai peut-être un clown! 'Quand je serai clown, j'aurai un gros nez, un gros nez tout rouge'...", sang sie das französische Kinderlied.
Sie lachte und hüpfte auf der Straße, die Leute drehten sich um und wunderten sich. Schließlich hakten sich alle vier unter und hüpften gemeinsam in die Metro. Max fand Catherine einfach wunderbar, und es sah ganz so aus, als ob sie ihn ebenfalls mochte.
Sie zogen durch Paris, scherzten, lachten, erzählten sich Geschichten aus ihrem Leben, aßen eine fantastische Crêpe Suzette, und Catherine leckte sich die Finger und strahlte übers ganze Gesicht.
Erst kurz vor Beginn der Show trennten sie sich – Max schweren Herzens. Er wäre am liebsten für immer bei Catherine geblieben.

---

gaspiller verschwenden
Youpie! Juchu!

Wer ist denn nun der Dieb?

Max und Linda betraten als erste das Zelt. Natalie besuchte ihre Mutter, die darüber ganz und gar nicht begeistert war.

Die Models und das ganze Personal waren bereits in heller Aufregung, weil es sich herumgesprochen hatte, dass Catherine heute wieder dabei sein würde. Viele waren irritiert und verunsichert.

"Finalement, qui est le voleur?", fragten sich alle.

Catherine tauchte erst kurz vor Beginn der Modenschau auf, sodass keine Zeit für überflüssige Fragen blieb. Sie musste in Windeseile hergerichtet werden. Ein seltsames Schweigen herrschte im Zelt, seit sie eingetroffen war. Linda fand es kaum zum Aushalten. Aber sie musste auf ihrem Posten bleiben. Ihre Aufgabe war, die Models zu beobachten. Max dagegen sollte sich auf die drei Praktikantinnen konzentrieren, denn er hielt sie für äußerst verdächtig. Es fiel ihm schwer, nicht immer wieder zu Catherine hinzusehen. Linda war nervös. Aber dann fuhr es ihr plötzlich eiskalt den Rücken hinunter: Mireille ließ auf dem Weg vom Laufsteg zu ihrem Schminkplatz das feuchte, kühlende Handtuch, das ihr die Garderobiere gereicht hatte, zu Boden fallen. Und zwar genau an der Stelle, wo ein Paar Shorts lagen, die eins der Models dort ausgezogen hatte. Sie lagen noch da, weil die Garderobiere dem Model erst beim Umkleiden half und dann die nicht mehr benötigten Kleidungsstücke wegräumte. Mireille griff so geschickt nach dem Handtuch, dass die Shorts unauffällig darunter verschwanden. Catherines Platz war leer, weil sie vorn am Ausgang zum Laufsteg noch von ihren Stylisten hergerichtet wurde. Linda beobachtete, wie Mireille das Handtuch beiläufig neben Catherines Schminktischchen fallen ließ, fluchte und es wieder aufhob. Dann stolzierte sie selbstbewusst zu ihrem eigenen Platz. Das war es also!

"Die Schlange Mireille", dachte Linda. Sie gab Max ein Zeichen. Die beiden verließen das Zelt und eilten zu dem Strawinski-Brunnen mit der farbenprächtigen Skulptur vor dem Centre Pompidou, wo sie sich mit Natalie verabredet hatten. Hier sah es aus wie bei einem Straßenzirkus! Sie liefen an einem Clown vorbei, der unter einem Sonnenschirm saß und eine Angel in einen Gulli hielt, als wartete er tatsächlich auf einen Fisch!

Was Linda den beiden zu berichten hatte, war leider nicht ganz so spaßig.

Natalie nickte. "Maman m'a dit **la même chose**. C'est Mireille. Mais elle dit aussi qu'il n'y a pas de **preuves**. Est-ce que la police vous croira?"

So weit hatten Linda und Max noch nicht gedacht.

---

la même chose dasselbe
preuves Beweise

Aber plötzlich hatte Max eine Idee. "Ta maman nous aidera, n'est-ce pas?"
Natalie nickte. "Elle veut surtout aider Catherine."
"Que pensez-vous de mon idée", fuhr Max fort. "Ta maman prend le short dans le sac de Catherine, où, **à mon avis**, il se trouve **actuellement**, et le met dans le sac de Mireille. Alors?"
Natalie nickte. "Ce sera une **drôle de surprise** pour Mireille. On lui fait ce qu'elle a voulu faire à Catherine: **ne fais pas à autrui ce que tu ne voudrais pas qu'on te fît!**"
Linda war begeistert. "Et la police trouvera la bonne personne! Allons-y!"

Aufgeregt überredeten sie Natalies Mutter, die sich nach einigem Zögern bereiterklärte mitzuhelfen.
Als Mireille draußen auf dem Laufsteg war, belagerten Max und Linda Catherines Platz. Schnell zog Linda die Shorts aus Catherines Tasche. Marie kam mit ihrem Putzwagen wie zufällig vorbei, und Max steckte die Shorts in den Müllsack, der am Putzwagen befestigt war. Marie schlenderte weiter zu Mireilles Tisch,

---

à mon avis meiner Meinung nach
actuellement momentan
drôle de surprise schöne Überraschung
Ne fais pas à autrui ce que tu ne voudrais pas qu'on te fît! Was du nicht willst, dass man dir tu, das füg auch keinem andern zu!

fegte scheinbar ein bisschen hier, ein bisschen dort, und ließ die Shorts unauffällig in Mireilles Tasche gleiten. Niemand nahm sie zur Kenntnis. Nicht einmal die Bodyguards oder die beiden Polizisten in Zivil, die die Zeltausgänge bewachten.

Bis zum Ende der Modenschau beobachteten Max und Linda ganz entspannt Mireille, die sich natürlich nicht weiter um ihre Tasche kümmerte. Nach einem tosenden Schlussapplaus begannen die Mädchen wie immer, sich abzuschminken und umzukleiden. Linda und Max liefen rasch zu Mireille und ließen sie nicht aus den Augen. Es war schließlich Teil des Plans, Mireille keine Chance zu geben, das Diebesgut wieder loszuwerden.

"Mireille, pourrions-nous te poser quelques questions?", fragte Max scheinheilig.

"Pourquoi?", war die ablehnende Antwort.

"Parce que tu es un mannequin si **brillant**. Nous voudrions en savoir plus sur toi", schleimte Linda.

Mireille sprang tatsächlich darauf an. Die hat wirklich keinerlei Menschenkenntnis, dachte Linda und lächelte ihr breit zu.

"Bon, si c'est **nécessaire**, allez-y."

Aber nun kam der entscheidende Moment. Mirelle schnappte sich ihre Tasche und wühlte nach etwas.

---

brillant glänzend
nécessaire nötig

Plötzlich stutzte sie. Sie wurde bleich, dann rot, und Schweißperlen traten auf ihre Stirn.
"Quand as-tu commencé à travailler comme mannequin?", fragte Linda, als ob sie nichts bemerken würde.
Mireilles Blick verriet Panik.
"Je ne sais plus, j'étais très jeune! Mais maintenant ..."
Max ließ sie nicht ausreden. "Comment as-tu trouvé ton premier job?"
"Est-ce que **quelqu'un t'a découverte** ou est-ce que c'est toi qui as cherché une **agence** ou ..."
Sie durften ihr auf keinen Fall die Möglichkeit geben, ihren Platz zu verlassen.

"J'ai cherché une agence, mais, s'il vous plaît ..."
"Est-ce que tu avais des **problèmes de poids**", bohrte Linda nach. Aus den Augenwinkeln beobachtete sie, dass die meisten Models bereits fertig waren und nach und nach das Zelt verließen. Mireille wurde immer nervöser. Sie wirkte wie unter Schock.
"Non, je n'avais pas de problèmes de poids, mais je portais encore mon **appareil dentaire** et c'était ..."

---

quelqu'un t'a découverte hat dich jemand entdeckt
agence Agentur
problèmes de poids Gewichtsprobleme
appareil dentaire Zahnspange

Die letzten Models verließen gerade das Zelt, als plötzlich eine Garderobiere bemerkte, dass wieder etwas fehlte. Charles Lafringue flippte aus. “Maintenant, **j'en ai ras le bol**. Je veux savoir **sur-le-champ** qui me **fauche** mes vêtements.” Sein Blick schweifte suchend umher. Die Bodyguards und die Polizisten stürzten sich auf die restlichen Models und ihre Taschen. Da sprang Mireille auf und heulte wie ein Schlosshund.

“Ce n'est pas moi! Quelqu'un a mis ce short dans mon sac! Quelqu'un veut m'**accuser de vol**! Quelqu'un me déteste!” Sie zog die kurze Hose mit spitzen Fingern aus ihrer Tasche.

“La **fuite en avant**”, wisperte Linda, die mit Max zum Zeltausgang gegangen war und von dort aus alles beobachtete. Es gab nichts mehr zu tun für sie.

“Et qui, ma chérie, te déteste **tant qu'il court le risque** d'être accusé de vol lui-même?” Charles Lafringue stand vor seinem Model. Seine Augen waren

---

j'en ai ras le bol ich habe die Nase gestrichen voll
sur-le-champ auf der Stelle
fauche klaut
accuser de vol des Diebstahls beschuldigen
fuite en avant Flucht nach vorn
tant so sehr
qu'il court le risque dass er das Risiko eingeht

eng zusammengekniffen. "Maintenant, **réfléchis** avant d'accuser quelqu'un, comme tu l'as fait hier!"
Mireille schnappte nach Luft. "Je suis la **victime d'un complot**", hauchte sie.
"Ah bon. J'attends. Et les autres aussi. Je vais **envoyer** la police chez toi pour voir si les autres affaires volées s'y trouvent ..."
Mireille wurde bleich und ließ sich auf ihren Stuhl fallen.
"Je suis désolée ... Oui, c'était moi", flüsterte sie.
"Pardon? Je n'ai pas bien entendu. Tu peux le **répéter**, s'il te plaît?", hakte der Modeschöpfer nach.
Mireille sah sich um, ihr Blick bettelte um Hilfe. Alle Umstehenden starrten sie an: Charles Lafringue und Jean-Jacques ungläubig, die drei Praktikantinnen mit verschränkten Armen. Pierre drehte sich nervös eine Zigarette, Suzette war froh, dass endlich die Täterin gefunden und ihr Job nicht mehr in Gefahr war. Von den Visagistinnen, Hairstylisten und Garderobieren mochte ganz offensichtlich niemand Mireille oder versuchte gar, sie zu verteidigen. Und im Hintergrund standen Marie und Catherine. Sie schauten lächelnd zu Max und Linda hinüber. Catherine warf

---

réfléchis denk nach
victime d'un complot Opfer einer Verschwörung
envoyer schicken
répéter wiederholen

ihnen ein Küsschen zu. Max war nicht sicher, ob es ihnen beiden oder vielleicht doch eher ihm zugedacht war …
Linda zückte ihr Handy. “Il faut informer Natalie, elle peut entrer maintenant”, erklärte sie Max, während sie der neuen Freundin eine SMS schrieb.
Der grinste. “Nous sommes devenus de vrais français. Nous parlons déjà en français **entre nous**.”
Sie lachten – auch erleichtert.
Es dauerte keine zwei Sekunden, und Natalie kam in das Zelt und auf die beiden zu gerannt.
Mireille weinte und weinte. “S'il vous plaît, ne dîtes rien à mes parents!”
“**On n'a pas d'autre choix**, ma chérie”, erklärte Charles Lafringue. “Mais raconte-nous, pourquoi astu fait ça? Tu n'aurais jamais vraiment pu porter ces vêtements, car ils t'auraient **trahie**!” Er ließ sich auf einem Stuhl neben Mireille nieder. “Je voudrais comprendre avant d'en informer tes parents.”
“Vous ne me voyez jamais, toute votre **attention** est pour Catherine. C'est pour cette raison que je la déteste”, presste sie schluchzend hervor.
Charles Lafringue wunderte sich nicht allzu sehr. “En

---

entre nous untereinander
on n'a pas d'autre choix es bleibt uns nichts anderes übrig
trahie verraten
attention Aufmerksamkeit

fait, tu voulais la **faire passer pour une voleuse**, parce que tu voulais être mon **mannequin préféré**, c'est bien ça?"

Mireille, der nun eine Sturzflut von Tränen aus den Augen schoss, nickte nur. Eine Visagistin reichte ihr ein Taschentuch.

"**Tu te prends trop au sérieux**, tu sais. Ce n'est pas bien", erklärte Charles Lafringue und erhob sich.

Linda empfand beinahe etwas Mitleid mit Mireille, wie sie so dasaß, heulend und von allen angestarrt.

"Allons-y, ce ne sont plus nos affaires", flüsterte sie und verließ das Zelt. Max und Natalie folgten ihr, wenige Augenblicke später kam auch Catherine. Sie fiel allen der Reihe nach um den Hals.

"Merci beaucoup! Vous m'avez **sauvé la vie**! Je n'oublierai jamais ce que vous avez fait pour moi! Nous serons amis pour toujours! Mais je dois parler à Charles maintenant et ensuite à maman. **Je changerai de vie.** On se voit demain?"

Alle nickten.

"Et demain ...", ertönte eine Stimme hinter ihnen. Es war Françoise in Begleitung von Petra Landiges. "De-

---

faire passer pour une voleuse als Diebin hinstellen
mannequin préféré Lieblingsmodel
tu te prends trop au sérieux du nimmst dich zu wichtig
sauvé la vie das Leben gerettet
je changerai de vie ich werde ein neues Leben anfangen

main, vous viendrez tous dîner chez moi. Nous venons d'apprendre ce qui s'est passé. **Félicitations!**"
"Si tu veux, Natalie, ta maman peut venir aussi. **La tienne** aussi, Catherine – si tu le veux, bien sûr", fügte Frau Landiges hinzu, und dann umarmte sie die beiden Zwillinge und war sehr stolz auf ihre Kinder.

Als Max und Linda an diesem Abend auf dem französischen Bett lagen, zu ihren Füßen alle drei Katzen wie ein einziges Knäuel zusammengerollt, konnten sie kaum einschlafen. Wie aufregend ihr kleines Abenteuer gewesen war! Und wie wunderschön war doch Paris!
"La vie à Paris est une **aventure**", flüsterte Linda ihm zu.
"Youpie! Et demain, une nouvelle vie commencera", wisperte Max.
Dann schliefen die beiden ein, einem neuen aufregenden Tag in Paris entgegen.

Félicitations! Herzlichen Glückwunsch!
la tienne deine
aventure Abenteuer